Avec amitié
Valérie Souci...
et David Da...

Content de partager avec toi ta prem...
Ste-Avia, et merci de ton amitié. C'est...
grâce à vous tous que j'en suis rendu là.
Amitié
Pierre T.

VIVE LA FAMILLE!

VIVE LA FAMILLE!

Présentation
de
Jacques Grand'Maison

FIDES

Données de catalogage avant publication (Canada)
Vedette principale au titre:

   Vive la famille!

   ISBN 2-7621-1658-9

   I. Famille - Québec (Province).

HQ560.15.Q8V58 1993   306.85'09714   C93-097153-1

Dépôt légal: 4e trimestre 1993
Bibliothèque nationale du Québec

© Éditions Fides, 1993
ISBN: 2-7621-1658-9

Les Éditions Fides bénéficient de l'appui du Conseil des Arts du Canada
et du ministère de la Culture du Québec.

Note de l'éditeur

Les récits qui suivent présentent le témoignage de dix familles, chacune vivant une situation familiale particulière. Certains ont été rédigés par un membre de la famille. D'autres ont été écrit par Lorenzo Lortie à partir d'interviews. La rédaction finale de l'ensemble a été assurée par Marie Trudel.

PRÉSENTATION

Les différents types de famille et leurs enjeux

«Les gens heureux n'ont pas d'histoire.» Allons donc! Voici dix familles très diversifiées qui vivent une dure mais passionnante conquête du bonheur, parfois dans des conditions extrêmement difficiles. Pourquoi confondrions-nous le bonheur avec l'eau de rose! Bâtir un couple, une famille, c'est une formidable aventure pleine d'humanité avec tout ce que celle-ci comporte de chair et d'esprit, de tensions et de dépassements, et surtout d'apprentissages fondamentaux: amour, discernement, identité, altérité, art de vivre. Les rapports de sexe, de générations, sont des infrastructures humaines plus profondes que celles de l'organisation matérielle et politique de société. En sommes-nous assez conscients?

Souvent on associe la famille au quotidien banal, habitué et pesant. Même les petits mots amoureux et tendres dans un couple ou dans une famille apparaissent «niais» à quelqu'un du dehors. Et pourtant, qu'est-ce qu'ils peuvent révéler de délicieuses complicités patiemment tissées au fil des jours dans une aventure unique! Il faut plutôt un regard autre en prise sur sa propre histoire pour accueillir celle de l'autre dans sa richesse singulière. Ce que j'aime dans la famille d'aujourd'hui, c'est son souci de permettre à chacun, chacune d'engager sa propre histoire. Les touches éducationnelles que les témoins de cet ouvrage ont développées en ce sens sont à noter avec une attention particulière.

On pourra découvrir un autre trait commun, à savoir l'importance accordée aux profondeurs morales et spirituelles pour fonder des engagements et des liens durables, toujours en instance de renouvellement. Et pourtant on y trouve souvent des conditions existentielles qui rendent difficile ce genre d'expériences. Les impératifs de survie, les contraintes matérielles, une vie urbaine agitée, arythmique, hachée, des conditions de travail peu accordées à la vie familiale, tout cela ne se prête pas beaucoup à l'intériorité et à une vie spirituelle personnelle ou familiale. Mais nos témoins en ont compris l'importance pour donner élan, force et densité à leur aventure commune et pour surmonter épreuves et défis. Ils font la preuve que la famille d'aujourd'hui peut être un lieu intense d'âme, d'esprit, de culture et de foi, peu importe la diversité des conditions d'existence. Pensons ici à la diversité des familles qui se racontent dans ce livre: famille traditionnelle, reconstituée ou monoparentale, famille d'immigrés, de réfugiés, famille d'accueil ou d'adoption. Toutes, elles ont en commun de fortes racines spirituelles qui fondent de longues foulées. De cela, il est rarement question dans la société médiatique si friande de recettes psychologiques, de situations insolites et spectaculaires, de vedettariat qui se donne autorité en tous domaines. Et que dire du *zapping* dans tant de comportements pour en faire une suite d'instants sans aucune prise sur le parcours de sa vie. On verra comment ces longs itinéraires de couples, de familles ont été ressaisis par leurs acteurs avec une philosophie de la vie patiemment construite. Tout le contraire d'une société ou d'un style de vie passoire où l'on passe d'une expérience à l'autre, d'une réforme à l'autre, sans en laisser mûrir une seule.

La famille est présentement un des rares lieux où l'on peut apprendre à mûrir, à se situer dans la durée, dans l'histoire (eh oui!). Car elle réclame du temps, de la sagesse, de la force d'âme, de la foi, de l'engagement durable. Comment ne pas reconnaître que nous avons besoin de ces valeurs pour affronter un avenir difficile après la révolution facile où l'on a mis sans cesse les compteurs à zéro, comme si on pouvait réinventer le monde à tous les tours d'horloge? Un enfant peut-il se construire dans une culture psychologique du court terme et un univers émotionnel livré tout entier à ses pulsions immédiates sans distance sur soi?

Cette absence de distance sur soi finit par nier les différences de rôles, de sexes, de générations et de quoi encore! «Papa, des amis j'en ai en masse, un père je n'en ai qu'un seul, joue pas au copain avec moi, j'ai besoin d'autre chose.»

Les témoins de cet ouvrage m'ont ravi par leur étonnante capacité de transformer les épreuves, les coups durs en tremplin de nouvelle qualité d'être, d'amour et d'agir, à la source de dépassements bien au-delà de la famille. On y verra comment l'engagement social des parents a suscité chez leurs enfants des personnalités fortes, équilibrées, ouvertes, responsables, libres et altruistes. Voilà une autre orientation précieuse pour aujourd'hui. «Faire son bonheur à plusieurs», disait l'un d'entre eux avec du feu dans la prunelle.

On a beaucoup parlé de la famille nucléaire avec son noyau réduit... explosif. Cet ouvrage nous révèle ce que peut apporter une fratrie de deux enfants ou plus pour limiter et équilibrer un pouvoir parental tenté de surinvestir l'enfant d'attentes impossibles de tous ordres.

Les recours aux tiers est fréquent dans les familles monoparentales pour compenser leur noyau social plus réduit, pour l'ouvrir sur l'extérieur, pour éviter tout encoconnement étouffant, fusionnel.

J'ai bien aimé aussi les touches éducationnelles de ces familles qui ont assez bien réussi à surmonter deux travers désastreux: la permissivité et l'autoritarisme. Je tiens ici à citer une autorité en la matière: Louis Roussel, dans *La famille incertaine*, écrit ceci:

> Dans nos sociétés, la collectivité a besoin de la famille surtout parce que celle-ci est la seule instance où l'enfant reçoit des mêmes personnes la satisfaction de ses désirs et l'ordre de les limiter; où la loi prend le visage des êtres les plus proches. Grâce à cette association originelle et stable de «plaisir» et de la «réalité», garçons et filles entrent progressive-

ment dans l'autonomie de l'âge adulte. Autrement dit, la famille rend la société acceptable, en témoignant que celle-ci n'est pas tout et que la loi laisse sa place au bonheur[1].

Peter et Brigitte Berger vont plus loin en soutenant que sans ces deux apprentissages inséparables de la loi et du bonheur, du plaisir et de l'effort, de la liberté et de la responsabilité, de l'autorité et de l'initiative personnelle, de l'autonomie et du sens de l'autre, il n'y a pas de véritable démocratie possible, (et j'ajouterais) pas d'institutions ni de société viables. Un amour sans exigences ne vaut pas mieux que des exigences sans amour. Autrement, la permissivité débouche paradoxalement sur une multitudes de règles, de lois, de contrôles pour compenser. Combien d'utopies des dernières décennies ont opposé bêtement norme et liberté, plaisir et effort, autorité et autonomie personnelle. La famille a payé cher cette dissociation, ainsi que l'école, les milieux de travail et la société tout entière.

Certaines familles reconstituées ont développé des pratiques de transactions qui peuvent être un atout précieux pour une démocratie et des citoyens adultes capables de résoudre les problèmes entre gens immédiatement concernés. Nous en avons de beaux exemples dans cet ouvrage. C'est un long apprentissage qui doit commencer dès la famille et l'école. Il n'y a pas de véritables transactions de jugement, d'altérité, de respect mutuel, de liberté et de responsabilité dans un contexte permissif ou autoritaire.

---

1. Éditions Odile Jacob, 1989, p. 287.

Ce que Bruno Bettelheim dit de l'école s'applique bien à la famille:

> Les éducateurs qui essayent d'atteindre leurs élèves uniquement sur la base du principe de plaisir sont étonnés de constater à quel point les enfants apprennent beaucoup de choses et vite. Mais les mêmes élèves se découragent dès qu'ils cessent de tirer un plaisir facile et immédiat de ce qui leur est enseigné.

Comme professeur à l'université depuis trente ans, j'ai pu prendre la mesure de ces utopies désastreuses sur l'éternel enfant-roi qui s'est longtemps vanté d'avoir réussi sans étudier, au grand ébahissement de ses parents qui semblent plus apprécier le talent naturel que le talent cultivé. Sans se rendre compte, sinon trop tard, qu'ils ont fait un être mou, fragile, décrocheur, incapable de persévérance, de résistance, d'engagement, incapable de supporter la moindre frustration, incapable de s'évaluer. L'enfant-roi est déjà construit, bien avant son entrée à l'école. Plus tard, il dira à ses parents: «Si j'ai des mauvaises notes, c'est que le professeur ne m'aime pas.» Il est sûr que ses parents permissifs vont lui donner raison! Comment peut-il rebondir dans le mou? Ou bien, il ira chercher dans une *gang* des rites initiatiques durs, souvent violents et même sauvages pour compenser une fonction qui n'a pas été exercée dans sa famille, dans les apprentissages fondamentaux mentionnés plus haut.

En positif, il faut signaler ici que toutes les recherches récentes chez nous ont noté chez les jeunes leur quête d'adultes solides et cohérents, leur besoin de repères fermes, clairs et sensés. Les jeunes accordent une importance majeure à la famille. Ils se donnent comme un de leurs premiers objectifs celui de réussir leur propre famille. «J'ai trop souffert de ma famille toute croche, moi je veux à tout prix réussir la mienne.» Un beau signe d'espoir!

Les mentalités par rapport à la famille sont en train d'évoluer dans le sens d'une revalorisation. Pensons aux premiers temps de notre modernisation où l'un établissait une adéquation entre famille et esprit traditionnel, conservateur, passéiste. Plusieurs ont maintenant le goût de vivre une expérience familiale qui va chercher le meilleur de la modernité et le meilleur des héritages culturels familiaux. Ils ont aussi une conscience vive de la famille comme un des rares lieux où l'on peut conjuguer les diverses dimensions de la vie dans une société sectorialisée, dans des conditions d'existence, de travail, de communication sans rythmes, sans suivi, sans cohérence, sans profondeur, sans horizon, sans direction. Bien sûr s'y glisse la tentation de faire de la famille une zone de repli, un petit monde en soi, fusionnel. Nous en parlerons plus loin. Notons encore ici un certain mûrissement: par exemple, l'émouvante fidélité à leurs enfants, chez bien des adultes, même chez ceux et celles qui ont vécu des profondes blessures ou ruptures de couple. Comme si l'enfant était le socle le plus stable de leur vie tumultueuse, hachée, éparpillée. À partir de quarante ans, on relativise un peu plus l'argent, les biens matériels, le prestige social, la performance du superman ou de la superwoman; mais les enfants, eux, ne cessent de prendre de l'importance jusqu'au bout de la vie. C'est une des meilleures assises de santé physique, psychique, morale et spirituelle. Les gens de famille, selon les statistiques, vivent plus longtemps que les célibataires! Les pires pauvretés sont solitaires, et davantage, quand la vie avance. Pensons à la souffrance de ces gens du troisième âge qui n'ont pas de petits-enfants. Pensons au bonheur des grands-parents. La dénatalité a des conséquences plus tragiques qu'on ne le dit. Comme si on avait perdu de vue l'importance fondamentale des liens de générations.

J'ai écrit ces premières pages d'un seul trait, habité que j'étais par la lecture brûlante des propos de ces témoins conviés ici à la barre. J'étais aussi habité par une recherche que je dirige depuis cinq ans sur les orientations culturelles, sociales, morales et spirituelles de la population québécoise. Mais c'est aussi ma tâche d'éducateur, de «prof», d'intervenant social et pastoral depuis quarante ans qui m'a inspiré ces propos verts, entêtés de confiance envers et contre tout, mais sans complaisance, sans «flattage de bédaine». Je sais qu'on met beaucoup de choses sur le dos des parents. Comme me disait l'un d'entre eux: «Trop souvent la société, les médias, les modes folles du jour défont ce que je bâtis à bout de bras et de cœur dans ma famille.» C'est dur d'être parent, d'être «prof» aujourd'hui. Je le dis souvent aux jeunes. Ils ont besoin de tiers pour leur dire pareille chose. À chaque fois, je suis étonné de leur réceptivité, comme s'ils me remerciaient de leur rappeler cette réalité on ne peut plus vraie dans le contexte actuel.

16

Les divers types de famille

Maintenant, je vais tenter de présenter une grille de différents types de famille pour situer ces récits familiaux dans un cadre de compréhension qui permettra au lecteur de se situer lui-même. Je rappelle ici qu'aucune famille n'est en parfaite adéquation avec l'un ou l'autre de ces types. Dans un itinéraire, on peut passer d'un type à l'autre. Mais avant tout, je propose une façon de mieux comprendre ce qui nous arrive. Louis Roussel, cité plus haut, sera une de mes sources d'inspiration, mais c'est surtout la recherche que je mène depuis cinq ans qui va me guider dans cette typologie.

La famille traditionnelle

La famille traditionnelle est soumise à des défis de survie; elle est orientée vers la reproduction de la vie et centrée sur la transmission, de génération en génération, d'un patrimoine biologique, matériel et symbolique. Cette famille est avant tout et surtout une institution dont les normes, les lois, les coutumes, les représentations collectives sont celles de toute la société et de la culture commune. Toutes les conduites doivent s'y régler, et cela jusque dans la conscience et la subjectivité. Les rôles sont définis comme allant naturellement de soi, comme des réponses viables, nécessaires et indiscutables à de multiples contraintes, y compris des impératifs religieux qui les sacralisent. «Père et mère tu honoreras...» «On accepte les enfants que le ciel nous envoie.»

Claude Lévi-Strauss a montré le fort caractère structurant des systèmes de parenté arrimés à des ordres symboliques correspondants pour fonder l'institution familiale et la société traditionnelle. Cette rigoureuse structuration devait compenser la singulière précarité biologique de la condition humaine individuelle et collective. On sait la longue nidification et la dépendance de l'enfant humain en comparaison des petits d'animaux dotés d'instincts mieux développés. Le système de parenté permettait aussi de dépasser la violence originelle qui accompagnait l'accès de tous les hommes à toutes les femmes et sa compétition féroce. L'institution venait tracer des balises, des interdits qui contraient cette violence, et permettaient de transformer des ennemis en alliés. «L'institutionnalité est donc artificielle, mais non arbitraire puisqu'elle permet la survie du groupe en exorcisant la violence des individus.» Ce qui fait dire à A. Gehlen que cette démarche surmonte précarité et violence par les représentations et les régulations collectives que sont les institutions. René Girard a bien montré le rapport entre la violence et l'indifférenciation des êtres. L'institution sépare ce qui, mêlé, provoque le chaos et la violence.

Nous ne résistons pas à relier ces dernières remarques aux drames contemporains peu reconnus que sont les négations des différences de sexes, de rôles, de générations, et aussi les discrédits de l'idée même d'institution. Bien peu d'analystes ont su y voir une des principales sources de bien des violences actuelles, y compris dans les familles. Comment dénoncer l'inceste et méconnaître en même temps l'enjeu de la prohibition de l'inceste, celle-ci permettant de tisser ensemble les lignages en une société plus large. De plus, ces indifférenciations multiplient les crises d'identités, de rôles, de rapports aux autres, de conflits générationnels.

Cela dit, la famille traditionnelle consacrée à la survie et à la reproduction n'est guère ouverte au changement. Chacun y est figé dans son statut prescriptif. Le bonheur et l'autonomie personnels passent souvent en second. Certes, cela convenait à un régime de pénurie, d'austérité, de survie collective, conforté par le quadrillage serré du temps et de l'espace, du travail et des fêtes, des lois et des consciences. Les besoins de sécurité l'emportaient sur les aspirations à la liberté.

Les parents-plus-que-couple livraient à l'enfant-héritier un message du genre: «Tu es notre fils, notre fille. Tu appartiens à une lignée dont tu dois te montrer digne. Voici ton nom qui désigne ta place dans la famille, dans la société. Voici tes devoirs et tes droits. À toi de répéter un jour notre histoire, comme nous avons répété nous-mêmes celle de nos parents.»

La famille moderne

Les grands-parents d'aujourd'hui ont été, jadis, les premiers jalons de la famille moderne. Dans le contexte de la nouvelle prospérité qu'a amenée la Seconde Guerre mondiale et l'après-guerre, ils ont présidé au développement de la famille moderne. Ces parents cherchèrent un équilibre entre la famille — institution et le bonheur personnel pour chacun, entre la loi reçue et l'épanouissement

19

affectif, subjectif. Moins pour eux-mêmes que pour leurs enfants. «On va leur donner ce qu'on n'a pas eu.» C'est à travers leurs enfants que les nouvelles classes moyennes vont vivre leur élan de promotion sociale et économique, et aussi leurs aspirations à une modernité vécue souvent d'une façon ambivalente à cause de leur enracinement dans un régime traditionnel qui les avait profondément marqués. Mais un déplacement important allait se produire. La question n'est plus «comment survivre ensemble», mais «comment être heureux ensemble».

Dégageons ici les principaux traits de ce type de famille.

- La recherche du bonheur passe de plus en plus par l'affectivité, le sentiment amoureux.
- Le rapport à la famille comme institution se veut plus rationnel et moins tributaire d'une tradition répétitive et de règles sacrées intouchables, indiscutables.
- Non plus la survie, mais l'avenir à faire à travers les enfants; un avenir seul chargé de sens.
- Émergence d'une individualité irréductible à l'unique logique familiale.
- Chacun, chacune, acteur de sa propre vie, de sa propre histoire.

Toutes ces aspirations sont perçues comme étant en harmonie avec la nouvelle société en prise à un progrès indéfini: économique, social, politique; à un horizon de paradis terrestre habité par un imaginaire d'innocence, de bonheur sans peine, incarné par l'enfance porteuse de toutes les promesses. L'enfant deviendra ce qu'eux-mêmes les parents auraient voulu être. Leur rêve quoi! Et même leur identité.

Mais attention! Il s'agit ici de nouvelles aspirations. Il fallait encore y travailler résolument pour les réaliser. La promotion sociale et économique n'allait pas de soi. On devait gagner chèrement les signes et attributs d'un nouveau standing visé. L'enfant n'est plus un héritier, mais plutôt un délégué, investi par ce message: «Tu es notre raison de vivre. Voici les sacrifices que nous faisons pour toi. Agis de telle sorte que ceux-ci ne soient pas vains. Tu vas entrer dans un monde qui est meilleur que le nôtre. Tu y occuperas une place plus élevée. À toi de te forger un nom. Que nos rêves, en toi, se transforment en réalité.»

Si l'enfant déçoit par la suite, parce qu'il ne s'ajuste pas aux stratégies de promotion sociale de ses parents, ceux-ci le jugeront indigne, coupable, et source de frustration. Pour gagner son autonomie, le jeune en pareille famille sera amené à une douloureuse rupture.

Nous comprenons mieux maintenant ce que plusieurs baby-boomers nous ont révélé de leur enfance, de leur adolescence. Dans un premier temps, nous nous demandions pourquoi des enfants si choyés se plaignaient tant de leurs parents, pourquoi, même à 40 ou à 50 ans, ils réglaient encore des comptes avec leur famille d'origine.

La famille fusionnelle

Un autre type de famille va se développer, à la fois dans le prolongement du précédent et en réaction contre celui-ci. Désir, bonheur individuel, autonomie personnelle, amour-passion, droit de changer le cours de sa vie, de tout recommencer, autant d'aspirations qui vont prendre le pas sur les normes de la famille moderne toute centrée sur sa promotion sociale, son standing de vie et son «paraître» aux yeux des autres. Pensons ici à la culture de banlieue où plusieurs baby-boomers ont grandi. Il y avait de fortes tensions et contradictions dans la famille promotionnelle, entre ses rêves paradisiaques et ses sacrifices pour y arriver. Un désenchantement s'ensuivit. Pour le contrer, on va miser sur la force affective, sur l'amour-passion, sur «l'élan spontané, multiforme, inventif du sentiment amoureux». On va faire fi de toute contrainte institutionnelle. Recommencements, divorces, union libre vont y trouver leur principale assise de légitimation. Amour, mariage, famille seront fusionnels, passionnels ou ne seront pas. On reste ensemble aussi longtemps que ce feu crépite, quitte à s'ingénier à inventer matériaux et formes pour l'alimenter. Tout sera accroché à la passion amoureuse: lieu de découverte de son identité la plus profonde, transfiguration de soi et de toute sa vie, paradis retrouvé, seule vraie plénitude totale, fête éternelle dans l'infini de l'étreinte fusionnelle, fulguration d'un présent porteur de tous les possibles (Michel Foucault).

Comme si seule l'affectivité donnait tout. On accepte des règles pour la vie publique. Mais la vie privée, idéalement, ne devrait connaître ni contrainte ni loi. Ce qui fait tenir à Kundera ces propos aussi ironiques que cruels: «L'absence totale de fardeau fait que l'être humain devient plus léger que l'air, qu'il n'est qu'à moitié réel et que ses mouvements sont aussi libres qu'insignifiants.» Désormais, on dispose non plus d'une vie, mais d'une série d'histoires successives, d'aventures passionnelles, d'échanges mesurés au degré de la satisfaction immédiate qu'ils apportent. S'il y a échec incontournable, restera la promesse de réincarnation qui permettra de recommencer.

Tout cela se vit dans le concret sous un mode fusionnel. Mode qu'on peut comprendre par son contraire, tel que le décrit ici Louis Roussel.

> L'amour véritable implique précisément la renonciation à un certain nombre d'illusions. Renoncement à l'illusion d'immédiateté: reconnaissance du fait qu'il faudra du temps pour mieux connaître l'autre. Renoncement à la capture de l'autre: reconnaissance de l'irréductibilité du conjoint à un territoire une fois pour toute exploré. Renoncement à l'image transfigurée de soi-même que l'autre lui présente sans cesse: reconnaissance que ce jeu des miroirs magiques témoigne seulement d'une complaisance narcissique. Renoncement à l'enfermement du couple: reconnaissance de la nécessaire ouverture au monde. Renoncement en un mot au fantasme de la toute-puissance du désir et reconnaissance de l'inaliénable altérité du conjoint. Sortie de l'enfance donc, et entrée dans la maturité[2].

Inversement, la démarche fusionnelle fixe l'adulte à l'enfance. Comment peut-il alors assumer ou même envisager une parentalité? Et s'il le fait, il maintiendra son enfant dans la même fixation. Comme le souligne Roussel, le risque de captivité

---

2   Louis ROUSSEL, op. cit, p. 152.

réciproque qui menace les conjoints fusionnels s'étend aux enfants. Aimés, trop aimés ou mal aimés, ceux-ci doivent devenir les êtres imaginaires dont les parents ont rêvé. Les comportements de l'enfant doivent être spontanés, sans règles contraignantes pour être authentiques, créateurs, uniques comme lui. Le message de base est celui-ci: «Tu es l'expression de notre amour. Comme celui-ci, tu es grâce, spontanéité, intensité. Nous te donnerons un amour constant et inconditionnel. Tu n'auras d'autre loi que celle d'une réciprocité affective totale. Désormais, notre bonheur est lié à la tendresse que tu nous portes.»

Dans ce type de famille on trouve une sorte de chantage permanent au sentiment. «Fais cela pour ta maman.» «Si tu m'aimais vraiment, tu me l'achèterais.» «Si tu n'acceptes pas ça, c'est que tu ne nous aimes pas, nous tes parents.»

En bout de ligne, un enfant captif, symbiotique qui sera coincé dans une double contrainte: une dépendance affective inconditionnelle et une sorte de poussée de révolte pour exister dans sa propre identité. De même, le divorce de ses parents fusionnels sera particulièrement dramatique pour lui. Il sera trop souvent le terrain et même l'instrument des mutuelles agressions des ex-conjoints. Et chacun de ceux-ci cherchera à se l'approprier exclusivement. «Tu es tout pour moi, tu sais.»

La famille-club

Le type fusionnel, on le comprendra facilement, se heurte à la valeur-socle qu'est l'autonomie individuelle qui est au cœur d'une tendance majeure évoquée au début de ce chapitre, à savoir la dévaluation des valeurs publiques au profit de la valorisation de la subjectivité, de la vie privée, des gratifications individuelles. Tendance confortée par une société organisée en fonction de l'individu et par un libéralisme économique dominant.

Amour fusionnel et sujet autonome sont peu compatibles. Pendant un certain temps on a tenté de les conjuguer, un peu comme la famille moderne des années 1950 avait tenté de conjuguer institution et bonheur. Les nombreux échecs et ruptures des couples-familles fusionnels, les inévitables transactions qui les accompagnaient et les recompositions de nouvelles familles vont faire émerger un nouveau type: le couple associatif, l'enfant partenaire, la famille-club. Ce type n'a cessé de se répandre. Certains analystes pensent même qu'il sera de plus en plus dominant.

On se méfie de plus en plus de la fusion amoureuse, de ses tyrannies, sinon de ses liens trop attachants. Outre l'importance de sa propre indépendance, on se protège «pour ne plus vivre les blessures de ses passions aveugles», comme nous l'ont dit plusieurs interviewés. «On se méfie même en amour.» «Je raisonne davantage mon affaire, je mesure les avantages et les inconvénients, je ne veux plus me faire avoir.»

On pourrait facilement moraliser en y voyant une comptabilité mesquine. Et s'il y avait là surtout une ressaisie du principe de réalité pour l'arrimer au principe de plaisir? De plus, le souci de son autonomie personnelle peut bien s'accompagner du souci de l'autonomie de l'autre. Ajoutons l'influence d'une société contractuelle de conventions collectives à terme et résiliables, et d'une pratique associative en une foule de domaines.

Louis Roussel dégage deux sous-types que nous avons rencontrés, nous aussi, dans nos entrevues et récits de vie. D'abord le type aventureux qui essaie de faire de la famille-club une permanente invention en quête de nouvelles expériences, de nouvelles relations sociales qui contribuent au renouvellement de l'intérêt d'être ensemble «pour vivre et faire un tas de choses passionnantes». On maximise le rapport bénéfice/coût au profit du premier terme. Le second type pourrait être qualifié de précautionneux. Point de changements aventureux. On minimise les risques et surtout les coûts. On réduit l'aire des échanges. Dans plusieurs cas, on maintient la relation parce qu'on ne peut faire autrement pour une raison ou l'autre: financière, patrimoniale, sociale, etc. Cela se produit davantage chez des interviewés de 45 à 55 ans.

En deçà de ces deux sous-types, il y a cette conscience vive de la précarité des liens conjugaux et familiaux. Chaque conjoint considère comme prioritaire ses propres objectifs. Ce concordat entre les aspirations de chaque partenaire a peu de finalités communes clairement définies. Plutôt une pratique d'équité dont l'argent et le temps sont les principaux étalons mesurables.

Inutile de dire que la famille-club est encline à limiter au minimum le nombre d'enfants. Et ce type, en continuant de s'imposer, permet un certain scepticisme face à une reprise sérieuse de la natalité. La famille-club, on la retrouve dans tous les groupes d'âge, y compris chez les jeunes adultes. Certes, l'enfant y est désiré et apprécié. On se souciera de son bonheur, de ses succès. Mais il ne sera pas le pôle de l'existence des parents. Ceux-ci chercheront à en faire un partenaire à part égale. Il ne sera qu'un membre parmi d'autres. Le club a des règlements fixés par les parents. «En principe, il a les mêmes droits que les adultes», remarque Roussel, en notant que ce type familial coïncide avec la création d'un droit des enfants.

Voici le message de base des parents: «Enfant, nous t'avons désiré. Nous savons que notre association, sans toi, est incomplète. Le bonheur que tu nous donnes, nous essayons de te le rendre, et largement. Tu seras notre compagnon de route durant ton enfance et ton adolescence. Nous t'aimons et nous respecterons tes droits, à toi de respecter les nôtres. Nous acceptons d'avance que l'essentiel pour toi est de devenir autonome. Comprends de ton côté que nous tenions, dans notre tendresse, à maintenir, nous aussi, une certaine indépendance à ton endroit.»

S'il y a divorce des parents, l'enfant sera moins coincé que dans le cas des familles fusionnelles. Les responsabilités auront été négociées d'une façon plus sereine. Mais parfois l'enfant ou l'adolescent sentira un moindre intérêt de la part d'un parent ou l'autre ou même des deux. En certains cas, il sera livré à lui-même, à une maturité précoce rarement positive.

La famille-cocon

Ce type ne figure pas dans l'étude de Roussel. Il a émergé trop récemment dans le contexte des multiples crises des dernières années. Il s'agit de la tendance à se replier sur la famille, à s'encoconner en elle, à en faire une sorte de bastion protecteur de ces nombreuses menaces du monde extérieur. «Nous, on fait tout en famille.» «La famille, il n'y a que ça de valable aujourd'hui.» Nous avons été étonnés de la fréquence de ces commentaires.

L'affaissement des larges solidarités, la crise des grandes institutions, les énormes problèmes sociaux jusqu'au cœur des quartiers jadis pacifiques, la possibilité de «presque tout faire à la maison», tous ces facteurs ont pu jouer dans cette tendance au cocooning familial. Le «je ne veux plus rien savoir» emprunte ce mouvement de repli sur la famille chez plusieurs citoyens. Désespérant de l'ordre établi, on s'en donne un à la maison qui est sécurisant, plus ou moins autoritaire, de forte teneur affective, avec un souci d'y intégrer toutes les dimensions de la vie. Il ne s'agit plus de s'intégrer au milieu, mais plutôt de s'en protéger, de s'en écarter. «On ne sait plus à qui on a à faire.» «Tu as toutes sortes de craintes pour tes enfants.»

Plusieurs baby-boomers vieillissants se replient à la maison. Nous parlons ici des hommes surtout, alors que les femmes ont davantage tendance à en sortir. Certaines d'entre elles se plaignent de leur «homme casanier qui passe des heures et des heures à regarder le hockey, le football, le baseball, sans jamais lire autre chose que le journal». Les hommes implosent, les femmes explosent! Le havre familial idéalisé devient un lieu de tensions entre conjoints, entre parents et enfants. Ceux-ci, souvent, acceptent mal ce repli. «On a beau tout leur donner pour les garder avec nous, ils considèrent la famille comme une pension.»

Mais d'autres réussissent à se donner une quasi-mystique familiale aux allures modernes les plus permissives. Les adolescents y couchent avec leur chum ou blonde. On est prêt à tout pour que tout se fasse en famille. Ce nouveau type-cocon s'amalgame parfois au type fusionnel. Le moins de règles possible. «J'aime mieux ça, pour qu'ils n'aillent pas courailler ailleurs dans des gangs de drogue, de violence. J'ai pas le goût de me retrouver à la cour parce que mon gars a fait un coup pendable. Ce serait la honte de ma vie.» Mais ces parents se préparent des drames pénibles si on en juge par certains récits de vie familiale récents. Cette nouvelle promiscuité devient vite étouffante parce qu'elle s'est constituée en un tout indifférencié. Il y manque de l'espace, de la distance pour construire son identité, pour distinguer les rôles des uns et des autres. En certains cas, le contexte se prête à l'inceste, avec d'étonnantes complicités tacites du conjoint tiers, la femme en l'occurrence.

Dans ce type de famille les parents se croient facilement porteurs du seul, vrai et bon modèle de foyer protecteur des aléas de la vie et du quasi-enfer extérieur. Mais quand de graves problèmes intérieurs apparaissent, ils sont démunis, sans recours. Ce sont les enfants qui font craquer violemment cette carapace de ladite famille heureuse et sans histoire. Alors qu'une famille ouverte permet beaucoup mieux à chacun d'enclencher sa propre histoire.

On se souviendra que le cocon dans la nature doit éclater pour qu'il y ait mise au monde. Famille close, famille fusionnelle ne peuvent que fixer leurs membres à l'enfance, sinon à un imaginaire infantile qui ne sait pas assumer l'épreuve du temps nécessaire à la construction de l'identité, de la liberté, de la responsabilité et de la maturité.

Dans ma famille idéale, le moindre problème apparaissait comme une montagne. Mes parents avaient peur que le ciel nous tombe sur la tête dès que nous sortions de la maison. Ça faisait de nous des inadaptés. J'ai joué leur jeu longtemps. J'étais pour eux le petit garçon idéal, sans problème. Puis ça a éclaté tout d'un coup. Drogue, vols, prison. J'étais terriblement violent sans trop savoir pourquoi. Ma sœur, elle, était plutôt du genre suicidaire. (Jocelyn, 20 ans)

La famille-PME

Eh oui, la famille entreprise, maintenant! On pense tout de suite aux entreprises familiales: firmes, commerces où tous les membres du foyer travaillent dans une promiscuité quotidienne qui trop souvent laisse peu de place aux rapports gratuits, peu d'espace de distanciation les uns sur les autres.

Depuis 23 ans, mon mari et moi nous avons travaillé à la planche dans notre commerce. Un succès total. De l'argent en masse. Nos deux grands enfants y ont contribué. Apparemment, c'est le bonheur parfait. Puis tout à coup, à 45 ans, tu sens un vide immense dans ta vie à toi, dans ta vie de couple. Ton gars puis ta fille claquent la porte parce qu'ils étouffent. Au début, on comprenait pas. Ils ont tout. Ils vont avoir un énorme héritage. Et nous une retraite en or. Puis tu te réveilles quand tu prends conscience que le commerce t'a tout pris, vidée complètement. On était toujours ensemble, mais à vrai dire, peu de vie de couple, ni vraie vie familiale. Comme si on avait rien à se dire... (Gisèle, 45 ans)

Mais il y a d'autres expériences qui tiennent du type PME dans des domaines où l'on s'attendrait à un tout autre style de famille.

Elle et lui ont consacré le meilleur de leurs énergies à leur carrière respective, au prix de longues périodes d'éloignement l'un de l'autre avec de difficiles aménagements pour la prise en charge successive des enfants. Elle, très efficace, très rationnelle, menait le jeu avec une rare détermination. Tout était calculé, planifié, organisé dans les moindres détails. Lui, il aurait souhaité «un peu de folie amoureuse» dans tout ça et aussi «plus de temps avec les enfants». Au bout de dix ans, il ne peut plus supporter la situation. Il divorce et trouve bientôt une autre compagne qu'il qualifie ainsi: «Spontanée, généreuse, simple, facile à vivre, plus humaine quoi!» Il se remémore le moment du divorce en soulignant le fait que sa femme n'a pas versé une larme. Par la suite, toutes les négociations ont été vécues «avec une froideur calculatrice incroyable. Comme en affaires.» Il se demande quelles en seront les séquelles chez les enfants qui entrent dans leur adolescence. Elle, de son côté, lui reproche, non sans raison, de garder les vieux schèmes de l'homme traditionnel qui veut la femme à la maison, à tout le moins une femme qui ne donne pas priorité à sa carrière et qui «suit son mari» là où il est appelé à travailler.

On peut se demander si l'un et l'autre n'ont pas chacun, à leur façon propre, réduit la famille à une organisation moderne quasi technocratique

31

qui prend le pas sur tout le reste. Leur monde professionnel, rationnel a imposé sa logique. Temps et argent sont les deux étalons de toutes leurs négociations passées et présentes. Et les enfants doivent s'y adapter. Qu'on nous comprenne bien: il ne s'agit pas ici de discréditer l'entreprise familiale, la carrière professionnelle. Des couples, des familles parviennent à d'heureux aménagements. Tâtonnements, tensions, essais, échecs, reprises font partie des défis actuels en la matière. Mais on ne peut sous-estimer les énormes enjeux en cause. «J'ai réussi ma carrière mais j'ai manqué ma vie.» Cette expression populaire, plusieurs fois entendue, en dit déjà long. Le type familial PME n'est pas une pure construction de l'esprit!

* *
*

Redisons-le, on ne trouve pas ces types à l'état pur dans le réel. On peut passer de l'un à l'autre. Il arrive aussi qu'on garde le même modèle toute sa vie, même en changeant plusieurs fois de partenaires, y compris dans des familles reconstituées. Ces types de familles recoupent de grandes tendances culturelles dans la société, mais ils ont l'avantage de les révéler plus concrètement. Nous sommes alors en mesure de mieux comprendre ce qui nous arrive et d'apprécier la qualité inspirante des témoignages qui vont suivre. Comment assume-t-on les nombreux défis d'aujourd'hui dans les divers types de familles? Je leur laisse la parole.

Jacques Grand'Maison
Université de Montréal

UN CHEMIN VERS L'AUTONOMIE

Pierre Prud'homme

Pierre et Manuela. Sept ans de vie commune. Quatre enfants, Pascal, 15 ans, Véronique, 13 ans, Myriam, 5 ans, Gabrielle, 2 mois.

Manuela est née en Italie. Elle est l'aînée et la seule fille d'une famille de trois enfants. Elle passe une partie de sa jeunesse en Suisse, puis émigre au Canada avec les siens, à l'âge de 11 ans.

Pierre est natif du Québec. Il arrive au monde en compagnie d'une petite sœur... et à eux deux, ils deviendront les aînés d'une famille de neuf enfants.

Elle

Ayant grandi dans un milieu familial très replié sur lui-même, Manuela apprit rapidement, par l'attitude de ses parents à son égard et les messages qu'ils lui transmettaient, qu'il lui faudrait se méfier du monde entier. Un milieu familial où les marques d'affection n'existaient pas, où le rendement scolaire n'était jamais satisfaisant, où les gifles et les surnoms désagréables tenaient lieu de méthodes d'éducation. Elle avait sans cesse l'impression d'être «abandonnée» et laissée à elle-même. Les souvenirs ensoleillés de sa jeunesse se rattachent aux vacances d'été, qu'elle passait auprès de ses grands-parents, en Italie. Là-bas, elle se sentait accueillie et aimée telle qu'elle était.

Timide et craintive, n'ayant aucune confiance en elle, elle eut peu d'amies si ce n'est une seule, à l'adolescence. Même cette relation adopta rapidement le modèle dominant/dominé.

Alors que, secrètement, elle désirait poursuivre des études en traduction, elle opta pour un cours en secrétariat, puisque son père en avait décidé ainsi. Ses études terminées, sa compétence et sa rigueur au travail lui firent rapidement gravir les échelons dans des entreprises privées.

C'est à cette période de sa vie qu'elle «tomba en amour» avec un homme d'affaires, marié, ayant le double de son âge, qui l'assurait qu'il allait se séparer de sa femme et l'épouser. Il lui fit connaître la vie des «grands de ce monde»: «tapis rouges», soupers gastronomiques, hôtels de luxe. «Mon besoin viscéral d'être aimée m'a entraînée dans cette relation de dépendance que je savais écrasante et étouffante pour moi. En conflit constant avec mes principes et ma conscience, j'étais incapable de me regarder dans un miroir.»

Durant tout ce temps, deux préoccupations la tourmentaient. En premier lieu, le problème de sa relation amoureuse qui n'était possible qu'en cachette, tel que l'avait exigé son «chum». Vivant uniquement en fonction de lui, elle n'en découvrait pas moins ses mensonges, à mesure que le temps passait et qu'elle prenait conscience des chantages qu'il lui faisait subir et de la domination dont elle était l'objet. «Mais, dit-elle, je ne pouvais en parler à personne. Je n'avais pas d'amis à qui me confier. Je m'évadais devant la télévision et dans la nourriture.»

Le sort du Tiers-Monde occupait la deuxième place dans les préoccupations intimes de Manuela. Mais comment continuer à être membre d'un club de soupers gastronomiques quand il y a la faim dans le monde?

Incapable de supporter davantage l'incohérence de ses sentiments et de sa vie, elle décide de se joindre à l'équipe locale de Développement et paix, où elle fait la connaissance de Pierre. Puis, les événements se précipitent pour elle. La mort subite de sa mère, dans un accident de voiture, lui fournit l'occasion d'une renaissance. Elle part cinq semaines en Italie et ce séjour dans son pays d'origine lui permet d'emmagasiner l'énergie nécessaire pour quitter, au retour, son travail et rompre sa relation amoureuse.

Lui

Au cours de ces mêmes années pendant lesquelles Manuela est aux prises avec un destin houleux, Pierre profite d'une enfance heureuse, passionnante. Mordant dans la vie à pleines dents, il grandit tout de même au sein d'une famille qui connaît les soubresauts engendrés par la Révolution tranquille des années 1970: entre autres, une transformation des valeurs, sans retour possible en arrière. Sur neuf enfants, sept sont mariés, sept seront séparés ou divorcés. Toutefois, les secousses de ces années difficiles n'ébranlent pas la fermeté des principes d'entraide et de solidarité qui prévalent dans cette famille et constituent encore aujourd'hui, se rappelle Pierre, «un des plus beaux cadeaux que la vie m'ait donnés».

Le sens de la vie

Pierre fait son cours classique chez les Pères de Sainte-Croix, puis il étudie au cégep, en administration. Accepté ensuite à l'université, aux Hautes Études Commerciales, il y reste une semaine... et part travailler à temps plein comme manutentionnaire, dans un magasin à rayons. Préoccupé par «le sens de la vie», il s'inscrit alors en théologie et termine sa scolarité de maîtrise. C'est alors qu'il se marie. Il a 24 ans. De cette première union naîtront Pascal et Véronique. Le mariage dure 12 ans, mais après consultation auprès des services matrimoniaux du Centre Saint-Pierre, le couple prend la décision de se séparer. Pierre et sa femme s'entendent sur des principes de base relatifs à une forme de «garde partagée» des enfants. Pierre en assumera finalement la garde et ceux-ci iront passer une journée ou deux chez leur mère, durant les fins de semaine. Toutefois, à peine quelques mois plus tard, des problèmes de santé le conduisent à l'hôpital Saint-Luc. Pierre se sent surmené. Il fait une dépression nerveuse. C'est alors qu'il se rappelle une offre que Manuela lui avait faite. L'aider au besoin. Il lui fait signe. C'est le début...

Eux

Même si Manuela et Pierre se rencontraient régulièrement depuis trois ans dans l'équipe de Développement et paix, ils ne se connaissaient pas vraiment. Ils profitèrent des visites de plus en plus fréquentes de Manuela pour échanger leurs points de vue sur les sujets les plus divers. Ils parlèrent de leurs projets et intérêts particuliers, de même que de leurs valeurs et aspirations réciproques.

Pierre aimait la qualité de sa présence auprès des gens, son sens de la gratuité, son goût pour les arts, entre autres pour la peinture! Il aimait sa passion des plantes et des fleurs, sa préoccupation face aux démunis. Le caractère fougueux de Manuela, sous ses airs de petite fille douce, le séduisait tout autant que sa soif d'apprendre et sa joie de vivre. De plus, les remises en question ne semblaient pas l'effrayer.

Manuela aimait son sens de l'humour, son regard franc et clair, son honnêteté à toute épreuve, sa passion pour la vie, sa chaleur humaine, son amour de la musique et du chant. Pierre s'émerveillait devant un coucher de soleil ou la beauté d'une fleur. Parce qu'il avait su préserver en lui des facettes de son enfance, il se montrait aujourd'hui disponible envers les enfants. De plus, les deux partageaient la même vision des pays en voie de développement.

Le risque de l'amour

Mais rapidement, cette relation allait subir les contrecoups des expériences antérieures de chacun. Pour Pierre, tout allait trop vite. «Il y avait tout juste quelques mois que la relation avec ma femme était terminée. Ma blessure n'était pas encore cicatrisée. Je voulais me protéger. Je n'étais pas prêt à prendre le risque de me faire mal une deuxième fois. De plus, mon état de santé faisait que je dépendais de Manuela. Était-ce vraiment Manuela que j'aimais ou uniquement le soutien qu'elle m'apportait? Je voulais que nous soyons amis et que nous en restions là.»

Lorsque Manuela lui demandait ce qu'il voulait dire par là, concrètement, c'était très simple, lui disait-il! Ils devaient se voir moins souvent, espacer leurs rencontres! Ce qui paraissait moins évident à Manuela, c'était lorsque Pierre lui proposait dès le lendemain d'aller marcher, pour le simple plaisir de se retrouver ensemble!

Durant l'année de leurs fréquentations, de telles scènes ne furent pas rares. Mais ils décidèrent enfin de «prendre le risque de l'amour» et de vivre ensemble. «J'étais bien avec lui, nous dit Manuela, et c'est tout ce qui comptait pour moi. Avec Pierre, rien n'était compliqué. Je ne sentais pas qu'il voulait me dominer. C'était une bouffée d'air frais, après tout ce que j'avais vécu. De plus, nous partagions les mêmes valeurs, nous jetions le même regard sur la vie et je n'aurais laissé passer, pour rien au monde, cette deuxième chance qui m'était offerte: vivre dans une vraie famille où l'on se respecterait et s'écouterait mutuellement.»

Sur quelle fréquence sommes-nous?

Trêve de «lune de miel», le couple vécut une période d'ajustements houleuse. Manuela et Pierre découvrirent rapidement qu'en raison de leurs expériences passées, ils donnaient aux attitudes et aux mots des significations différentes. Les frictions surgissaient à propos des faits les plus banals. Par exemple, se lever tard le matin ou commencer la journée en lisant le journal. Ces attitudes de Manuela mettaient Pierre hors de lui, car, disait-il, «je ne recommencerai pas une vie de couple avec quelqu'un qui n'accepte pas de partager les tâches. Quand on a des enfants, il faut se lever et certaines tâches ne peuvent être remises.» Manuela sortait alors de ses gonds. «J'ai vécu assez d'années en fonction de l'horaire de quelqu'un d'autre, tu ne commenceras pas à m'imposer ta façon d'organiser mon temps. Que les tâches se fassent le matin ou l'après-midi, l'important, c'est qu'elles se fassent.» Et ils se laissaient avec pleurs et grincements de dents. En mal d'une longueur d'onde commune, sur quelle fréquence allaient-ils «se brancher»?

«Comment, après tout ce que j'ai fait et continue de faire pour lui, peut-il penser que je ne partage pas les tâches?» se demandait Manuela. Et lui: «Comment peut-elle insinuer que je veux la dominer et lui imposer ma façon de vivre? La vie avec des enfants a de ces exigences que n'a pas la vie de célibataire.» Il leur fallait s'adapter aux horaires et habitudes de chacun, respecter leurs priorités respectives. Mais pour Manuela, la pilule était plus difficile à avaler, puisqu'elle passait d'une vie de célibataire à une vie avec trois personnes, dont deux enfants qui venaient d'être séparés de leur mère.

Tels les fauves blessés qui tentent de protéger leurs plaies encore vives, Manuela et Pierre se braquaient, l'un face à l'autre. Cette période fut donc remplie d'incidents semblables. Il leur fallut apprendre à se donner une chance, mutuellement, de se rejoindre enfin, sur la même longueur d'ondes.

Peu à peu, ils se rendirent compte que lorsqu'ils laissaient «retomber la poussière» et reprenaient la discussion dans une atmosphère différente, la charge émotive de chacun était moins explosive. Et le risque devenait moins grand de prononcer des paroles aux conséquences catastrophiques.

En outre, chacun essaya, non seulement d'entendre ce que l'autre avait à lui dire, mais fit un effort supplémentaire pour comprendre et accueillir l'expérience de vie antérieure de son nouveau conjoint et donc, les réactions particulières que ce vécu provoquait en lui. «Qu'est-ce qui te fait penser cela? Sur quels faits t'appuies-tu pour affirmer cela?»

Aujourd'hui, tous deux reconnaissent qu'une attitude d'ouverture ne peut que démontrer, chez quelqu'un, sa bonne volonté d'accepter un point de vue différent du sien, et provoque en retour, chez le vis-à-vis, une réaction semblable. «C'est ainsi que nos messages mutuels deviennent accessibles, nous dit Pierre, puisque nous les dégageons des peurs du passé, qui en voilaient la perception, telles des interférences sur les ondes...»

Manuela et Pierre sont d'accord sur le fait que leur capacité de se remettre en question et de savoir s'excuser lorsqu'on s'est trompé ou que l'on a blessé l'autre, même involontairement, facilite la communication entre eux.

«S'il te plaît... apprivoise-moi!» dit le renard[1]

Pascal et Véronique avaient 9 et 7 ans quand Manuela apparut dans leur vie. Manuela se rappelle

---

1. Antoine de Saint-Exupéry, *Le Petit Prince*, Folio junior, p. 69.

l'anxiété qu'elle ressentait, face à l'éventualité d'un rejet de leur part. Dès le début de leur vie commune, elle et Pierre clarifièrent certains termes qui ressortaient, de part et d'autre, dans les conversations des enfants.

«D'abord, Manuela n'est pas votre "demi-mère". Vous n'avez qu'une seule mère et ce n'est pas elle. Ce qui ne l'empêche pas de vous aimer et d'agir avec vous comme une mère.» Et quand la petite Myriam se joignit à la famille, ses parents apportèrent les mêmes précisions aux deux aînés, sur le statut du bébé! «Par contre, Myriam n'est pas votre demi-sœur. Elle est votre sœur à part entière.» Pour préserver l'équilibre émotif des enfants, Pierre et Manuela jugèrent nécessaire de préciser soigneusement ces points. La vie, affirment-ils, ne fait pas de quartiers avec des demies!

Manuela nous raconte les tensions intérieures qui l'habitaient: les devoirs et les leçons, le lavage, le repassage, les repas, ouf! «La pilule amère à avaler, c'est d'accepter de jouer le rôle de mère sans en avoir le titre, quand vous savez très bien que les enfants caressent secrètement le rêve de voir leurs parents réunis à nouveau. Il m'a fallu apprendre à respecter leurs sentiments et à composer seule, avec mes frustrations.»

Pascal et Véronique ont également pratiqué des formes de chantage avec Manuela. Ne voulaient-ils pas savoir, une fois pour toutes, à quoi s'en tenir avec elle? Leur tentation demeurait grande de la manipuler et d'utiliser son sentiment d'insécurité à leurs fins. Car, dans leur idée, il était clair que Manuela prenait la place de leur mère et, inconsciemment, ils agissaient en vue de mettre fin à la situation. Pascal rappelait récemment à Manuela qu'au début de sa relation avec elle, il n'acceptait pas que celle-ci lui dicte sa conduite. «Elle n'est pas ma mère», se disait-il effectivement. Pierre et Manuela affirment que l'éducation des enfants constitue une source importante de tensions chez les couples «reformés». À ce sujet, ils ont établi entre eux un accord, quant aux principes d'éducation qu'ils jugent essentiel de respecter.

Les enfants ayant besoin d'entretenir une image positive de leurs parents, Manuela et Pierre sont très attentifs à ne pas diminuer ou humilier, devant eux, l'un ou l'autre des parents. Car ils sont convaincus qu'une atteinte à cette image ferait souffrir, avant tout, les enfants. Puis, Manuela se rendit compte à quel point il était important qu'elle fasse respecter son autorité, de sa propre initiative, sans recourir aux interventions de Pierre. Pour elle et son conjoint, il était hors de question d'utiliser les arguments connus: «Tu régleras ça avec ton père, à son retour», ou encore: «Pierre veut ceci, Pierre dit cela». Manuela mit les cartes sur table avec les deux enfants: «Actuellement, c'est moi qui suis avec vous et c'est de cette façon que les choses fonctionnent. Lorsque Pierre sera là, vous agirez avec lui comme vous le voudrez. Pour le moment, ce n'est pas le cas.»

De son côté, Pierre se refusait à servir d'intermédiaire entre Véronique et Pascal et sa compagne, ou vice-versa. Il se montrait attentif aux uns et aux autres, mais souvent, il coupait court à leurs récriminations: «C'est à eux et pas à moi que tu dois dire cela», ou encore: «Je n'ai rien à voir là-dedans, va régler ton problème avec Manuela!» Et le couple d'insister sur l'importance de cette dynamique qui permet de préciser, dès le commencement, la nature réelle des nouvelles relations familiales. Les membres de la famille apprennent à se confronter avec «les bonnes personnes» et à développer de cette façon des mécanismes de communication qui leur sont propres.

«Cette période d'apprivoisement en commun n'a pas été facile à traverser, conclut Manuela. Mais Pierre et moi, nous avons la conviction que cela n'est possible que si le couple partage un minimun de principes d'éducation.

Partenaires?

Avec le temps, Pierre se remit de sa dépression, ce qui n'enchanta pas Manuela. Elle aimait se sentir utile et s'épanouir en aidant les autres, en leur faisant plaisir, en vivant en fonction de leurs besoins ou de leurs désirs... Elle anticipait donc avec anxiété le moment où Pierre lui dirait: «Je vais bien maintenant, je n'ai plus besoin de toi.» Manuela avait toujours vécu une relation de dépendance et voilà que Pierre parlait d'une relation «d'égal à égal», à l'intérieur de laquelle chaque personne prend tout de même en main sa destinée et ne fait qu'accompagner son conjoint dans ses réalisations et ses dépassements. Manuela, jusqu'alors convaincue que la vie d'un couple était par définition «un état permanent de fusion» entre les partenaires, dut se raviser rapidement, car Pierre étouffait dans une telle relation. Par contre, lorsqu'il lui rappelait qu'il voulait une vie de couple entre deux personnes indépendantes et autonomes qui choisissent librement de faire route ensemble, elle se sentait menacée. Vu son passé, il y avait de quoi!

Elle décida de suivre une thérapie, afin de mettre un terme à ses comportements destructifs et partant, de l'ordre dans son univers affectif. «Ce fut très dur, nous dit-elle. J'avais un "trou" en moi, je croyais le remplir en m'accrochant aux autres. Je voulais à tout prix me faire aimer. J'ai réalisé que j'étais la seule personne à pouvoir m'aider. Aucune autre ne le ferait à ma place. J'avais à me prendre en main, à régler moi-même mes problèmes et à me sécuriser. Pierre me ramenait toujours à moi. Je le trouvais tellement dur, égoïste et sans cœur! Ayant toujours eu une très mauvaise image de moi-même, j'appris, avec le temps, à reconnaître que j'avais du potentiel. Il m'a fallu faire beaucoup d'efforts pour m'ouvrir aux autres, insiste Manuela, pour en venir à exprimer librement mes émotions, pour dire au fur et à mesure ce qui n'allait pas. J'ai appris à m'affirmer, à prendre personnellement des initiatives et à ne plus faire d'agressivité passive. Je suis consciente de mes limites et je ne recherche plus la perfection. Je n'ai plus peur que mon corps tombe en morceaux! Ma mère me disait sans cesse que j'étais fragile. Or je sais maintenant que c'est faux! Petit à petit, je prends confiance en moi. Je deviens moins dépendante de Pierre et je vois bien que j'arrive à me débrouiller seule. J'ai tout le potentiel pour me sentir bien dans ma peau, et je me convaincs de plus en plus que, quoi qu'il advienne, je retomberai toujours sur mes deux pieds!»

Pierre avance trois motifs, primordiaux selon lui, justifiant le fait que Manuela et lui sont encore ensemble. «Le premier, c'est de se savoir en cheminement. Car tant que l'on sent chez soi et l'autre une volonté de travailler sur soi-même, il y a de l'espoir. C'est ce sentiment d'espoir qui vient appuyer le deuxième motif: la patience. Le souvenir de la présence patiente de Manuela à mon égard, lors de ma dépression, m'invite à l'être à mon tour envers elle.»

Mais cela n'a pas suffit: «Si nous sommes encore ensemble, c'est que nous nous sommes donné le droit d'être impatients, et les moyens de gérer ces états d'âme lorsqu'ils surgissent. Que ce soit par une sortie au cinéma ou par une fin de semaine de camping, chacun reconnaît la nécessité de donner au conjoint l'espace qui lui est nécessaire pour respirer et refaire sa provision d'oxygène.»

Une nouvelle vie à cinq

C'est au cœur même de leurs efforts d'apprivoisement et d'ajustement qu'ils ont décidé d'avoir un enfant. Cette maternité répondait à un profond désir chez Manuela. Mais le bonheur de Pierre, face à une nouvelle naissance, se trouvait assombri du fait de son état de santé. Cette insécurité n'empêcha pas l'arrivée de Myriam de provoquer la joie de Pascal et de Véronique. L'apparition de la «petite sœur» contribua à donner son nouveau visage à la famille.

Bien sûr, les enfants constituent la principale richesse de Manuela et Pierre. Ceux-ci ont donc planifié leur vie professionnelle en termes de travail à temps plein et à mi-temps, dans la mesure où ils considèrent essentiel d'assurer auprès des leurs une présence régulière.

«S'il te plaît... dessine-moi un mouton»[1]

Pour Manuela et Pierre, l'encadrement scolaire est prioritaire. D'après eux, l'école demeure un lieu où tous les moyens doivent être mis en œuvre pour bâtir la confiance de l'enfant en ses capacités. L'encouragement continuel, la valorisation personnelle contribuent à développer le sens de la discipline qui rendra possible éventuellement l'épanouissement de son autonomie. Manuela et Pierre souhaitent transmettre à leurs enfants le goût de l'effort et du travail bien fait, et surtout leur faire vivre l'expérience du plaisir, une fois le succès acquis.

De plus, Manuela et Pierre tentent, bon gré mal gré, de développer chez les adolescents leur esprit critique face à la société de consommation. Ils essaient de former leur jugement en ce qui concerne les dépenses exagérées. Initialement, cette entreprise s'est avérée difficile car, comme les copains de leur âge, Pascal et Véronique aiment suivre la mode, peu importe le prix à payer. Leurs parents ont décidé de leur accoder un montant d'argent annuel qu'ils pourront toutefois administrer à leur guise. Attention! Grâce à cette initiative, Pascal et Véronique sont déjà un peu plus nuancés face à la mode!

On a aussi procédé à une répartition méthodique des tâches dans la maison. Sur une base hebdo-

---

1. Antoine de Saint-Exupéry, *Le Petit Prince*, Folio junior, p. 11.

madaire, un des enfants est responsable du nettoyage de la salle de bain, tandis qu'un autre a la corvée de l'aspirateur. Les parents racontent: «À l'heure de la vaisselle, c'est une petite usine de production qui s'anime ici, et c'est d'autant plus facile de passer un message "concret" de partage aux enfants quand le père lave et qu'ils essuient! S'il advient que ceux-ci rechignent, les parents leur rappellent ce qu'ils font pour eux: soutien scolaire, entretien de leurs vêtements, préparation des repas, sorties variées durant les week-ends, activités sportives pratiquées en famille. À l'énumération de toutes ces choses, Véronique, Pascal et même la toute petite se rendent compte que le partage des tâches constitue une réalité incontournable dans cette maison. Et que s'ils hésitent à faire leur part, leurs parents sont prêts à négocier serré!

Manuela et Pierre appartiennent à une communauté de base de Saint-Jérôme. Ils y retrouvent des amis, mais ces séjours sont d'abord des occasions de ressourcement spirituel. En communion avec d'autres, ils prient et méditent sur leur engagement chrétien. Ils y célèbrent l'espérance qui les habite. Dans ce même esprit de vie communautaire, ils font partie également des Associés des Pères de Sainte-Croix.

Partageant une soif commune de justice et de fraternité, ils nous diront que le sentiment d'espérance se cultive nécessairement, selon eux, dans une solidarité avec les démunis. Ils s'impliquent donc, en tenant compte de leurs disponibilités, au sein d'organismes d'entraide tels Amnistie internationale et Développement et paix. De plus, la famille de Pierre étant un lieu où il fait toujours bon s'entraider de mille et une façons, on s'y retrouve souvent dans un même esprit de partage et de fête.

Sept ans plus tard

«Si je tiens compte du chemin que j'ai parcouru, j'ai de la difficulté à me reconnaître dans le miroir, constate Manuela. J'ai le regard clair et de la détermination dans les yeux. Je ne fuis plus la vie, je marche, au contraire, la tête haute pour y faire face. J'ai découvert que je me réalise dans la création, en faisant de la peinture et du dessin. Je sens que ces moyens d'expression font partie de moi. Un de ces jours, je vais sûrement exposer mes œuvres! Je ne regarde plus le train passer, j'y suis montée. Un nouveau sentiment m'habite, depuis quelque temps: la fierté d'être ce que je suis devenue!»

«Un travail qui répond à mes aspirations et dans lequel je m'épanouis, reprend Pierre. Des enfants qui acquièrent de plus en plus d'assurance et qui paraissent heureux. Un réseau d'amis dont la fidélité défie le temps. Une femme qui partage mes impatiences, mes colères, mes joies et mes peines, mes peurs et mes espoirs. Sur des sentiers pas toujours aplanis, dit encore Pierre, Manuela est devenue la femme que j'aime.»

Tel un ruisseau creusant patiemment mais sûrement son lit, c'est au cœur même de ces quêtes d'autonomie que s'est forgée petit à petit la confiance leur permettant de parier sur la vie. Et c'est avec un sentiment partagé d'émerveillement, de joie et de solidarité que la petite Gabrielle fut accueillie en juillet dernier par ses parents, son frère et ses sœurs.

VIVRE AU PRÉSENT

Marie-Paul Laguë

Une odeur de café et de bacon flotte dans la maison, la table fleurie est dressée comme pour un jour de fête. Moment privilégié pour les membres de cette famille qui ne se lassent jamais de se retrouver ensemble. Marie-Paul et Pierre-Olivier, dans leurs plus beaux pyjamas, arrivent à la salle à manger, où leurs parents les attendent.

«Il y a quelques années, Françoise et Yvon vivaient heureux et avaient beaucoup d'enfants, enfin... deux!» dit Marie-Paul. Yvon enseignait l'anglais dans une polyvalente et Françoise travaillait dans une Caisse populaire. Profitant des avantages de leur belle grande maison, en compagnie de leurs enfants, âgés à cette époque de 10 et 14 ans, ils formaient une famille québécoise typique. Mais, justement, reportons-nous donc au 16 décembre 1990.

L'inattendu

Un dimanche après-midi, Pierre-Olivier est à la maison avec sa sœur. Leurs parents sont partis à Granby afin de terminer les achats de Noël. Marie-Paul, concentrée sur ses devoirs, entend la sonnette de la porte: «Bonjour, tante Josée!» Celle-ci les invite à venir souper chez leur grand-mère. Rien d'inhabituel à cette invitation. La famille Laguë et leurs proches se réunissent plusieurs fois dans l'année, toujours avec beaucoup de plaisir. Pierre-Olivier et Marie-Paul partent donc avec leur tante, laissant toutefois à leurs parents une note dans laquelle ils leur demandent de les rejoindre chez grand-maman.

Ils ne pouvaient se douter que ce petit bout de papier demeurerait inutile. Et pour cause. Pendant le souper, on leur annonça que Françoise et Yvon avaient été victimes d'un accident d'automobile. Ils étaient à l'hôpital, grièvement blessés, mais malgré tout, en vie. Ce soir-là, les enfants n'eurent pas plus de détails.

Le lendemain, Pierre-Olivier se prépara à partir pour l'école, comme d'habitude. Mais lorsqu'il vint, avant son départ, souhaiter à sa sœur une bonne journée, cette dernière sentit dans la voix du garçon la peine qui l'habitait. Il avait les yeux remplis de questions aux réponses malheureusement inconnues, de lui comme de sa grande sœur. Marie-Paul ne put que le serrer dans ses bras, en lui disant que tout allait bientôt s'arranger.

Pendant que leurs enfants commençaient à assumer, intérieurement et dans leur vie quotidienne, l'impact provoqué par la nouvelle de l'accident, Yvon fut transféré dans un grand centre hospitalier de Montréal tandis que Françoise resta à l'hôpital de la région. Même dans cette séparation, la puissance de leur amour et la confiance qu'ils éprouvaient l'un envers l'autre, de même que dans les forces de la vie, continuaient de leur transmettre courage et énergie.

Cependant, comme le dit Yvon, ses états d'âme, durant ces quelques jours, furent de ceux dont on se souvient longtemps. Alors qu'il se trouvait encore aux soins intensifs, il eut la sensation que la vie se retirait peu à peu de son corps. Trois visages s'imposèrent alors à son esprit: ceux de sa femme et de ses enfants. «Ils ont encore besoin de moi», se dit-il, non seulement à lui-même mais en s'adressant également à cette présence qu'il sentait en lui, et dont il témoigne comme étant la présence de Dieu. Ayant revu en pensée les principaux événements de sa vie, il fut satisfait de cet examen. Alors, cessant de lutter, il se laissa complètement aller. Et il confie que c'est cette totale acceptation du moment présent qui le libéra enfin d'un poids immense. Peu après, il sentit la vie renaître en lui.

Françoise avait subi des blessures extrêmement douloureuses. Après l'accident, les médecins durent rapidement lui administrer des médicaments très forts. Françoise savait toutefois que son mari avait été gravement blessé. Elle se rappelait avoir vu son visage en sang dans la voiture, mais pas un instant sa conviction intime qu'il conserverait la vie n'avait faibli. Pour elle, cela demeurait une évidence. Une très grande épreuve attendait cependant le couple, mais l'intuition de Françoise se révéla juste: tout n'était pas terminé pour eux, loin de là! Après avoir reçu le choc physique et moral de l'accident, que les deux décrirent, par la suite, comme ayant été un premier palier à franchir dans toute cette épreuve, la foi de Françoise en l'avenir ne faiblit jamais, non plus que sa confiance en Yvon et en la profondeur de leur amour.

Pierre-Olivier et Marie-Paul, cependant, commençaient à se rendre compte de l'ampleur de cet accident, ampleur minimisée au départ par la famille pour ne pas les effrayer. Leur grand-mère habitait maintenant avec eux et chacun avait repris l'école et la routine quotidienne. C'est ainsi qu'un soir, un de leurs oncles vint leur faire part d'une nouvelle déterminante pour le prochain tournant que prendrait leur vie familiale. Il revenait de l'hôpital, il y avait vu Yvon et il annonça aux enfants et à la mère de Françoise que celui-ci avait définitivement perdu la vue.

Quel choc! Tous accusèrent le coup. À peine quelques minutes après avoir entendu cette nouvelle, Pierre-Olivier et sa sœur montèrent dans leur chambre. «Papa ne voit plus, papa ne verra plus», se répétait Marie-Paul inlassablement. Finalement, chacun s'endormit, espérant trouver dans ses rêves une bienfaisante évasion.

Confrontations

Peu après, pour la première fois depuis l'accident, les enfants d'Yvon lui parlèrent au téléphone. Leur père conservait, du moins en apparence, un assez bon moral: aucune trace d'inquiétude, de colère et encore moins de dépression dans sa voix. Il leur raconta qu'il venait de danser la lambada avec son infirmière; en dépit de sa jambe dans le plâtre et des tuyaux branchés à tout son corps! Pierre-Olivier et Marie-Paul sentirent bien que toutes ces blagues étaient quelque peu forcées, dans le but évident de les rassurer. Mais, malgré tout, ils crurent reconnaître dans la voix de leur père, pourtant rendu vulnérable par cette épreuve, un certain calme, sa douceur coutumière, ainsi que de la confiance. Ils retrouvèrent en lui des expressions du réconfort qu'il avait toujours su leur donner «avant».

Puis, après une longue attente, Marie-Paul et son frère purent enfin aller voir leur mère à l'hôpital. À cause de ses médicaments, celle-ci éprouvait de grandes difficultés à contrôler ses émotions. Lorsqu'elle les vit apparaître, elle se mit à pleurer. Pierre-Olivier trouva cette première visite bien éprouvante. Lui, petit bonhomme si vivant, si drôle, voilà qu'il était devenu, paraît-il, pratiquement muet.

Quelque temps plus tard, les enfants revirent leur père qui n'étant plus aux soins intensifs, avait un moral encore davantage à la hausse. Il commençait à se débrouiller quelque peu dans ses mouvements et ce qui restait primordial aux yeux des enfants, c'était, encore une fois, que leur père, même affligé d'un lourd handicap, faisait montre des belles qualités qui avaient toujours été la marque de sa personnalité.

Toutefois, une ombre au tableau empêchait encore Marie-Paul et Pierre-Olivier de se sentir totalement réconfortés: l'état de santé de leur mère. Mais entre-temps, celle-ci ayant demandé que l'on cesse de lui administrer tout médicament, ils la jugèrent, à une visite ultérieure, dans une forme éclatante. Avec la candeur de la jeunesse et leur spontanéité rapidement revenue, ils déclarèrent que seul le «jel-lo» de l'hôpital pourrait peut-être à nouveau altérer le dynamisme naturel de leur mère!

La vie reprend son cours

À la suite de cette visite, Marie-Paul retrouva, elle aussi, son «vrai» petit frère. De retour à la maison, le soir même, celui-ci alla prendre sa douche en chantant et le répertoire complet des «Beach Boys» y passa. Pour eux deux, éprouvés par l'ombre du malheur, cette soirée des «retrouvailles» devenait le symbole du retour à la vie de Françoise et d'Yvon, leurs parents tant aimés, qui avaient su leur trans-mettre dans le passé des valeurs d'amour, de respect des autres et d'eux-mêmes, de confiance inébranla-ble dans les forces de la vie. Comment parvien-draient-ils, en tenant compte de la nouvelle réalité toute proche qui les attendait, à revivre ensemble ces mêmes valeurs? Mais à cet instant fugitif d'espé-rance, Marie-Paul et Pierre-Olivier n'en étaient pas là. Un seul désir les habitait: que les chers absents reviennent vite, vite à la maison! Que ceux-ci re-créent l'unité familiale afin qu'ils puissent posséder encore, quelque part en eux, une rassurante certi-tude que le malheur s'était éloigné.

La famille Laguë croit essentiel de souligner également la présence continue, durant toute cette période, des amis et intimes. Parents et enfants bénéficièrent sans discontinuer, en ces temps diffi-ciles, d'appuis de toutes sortes. Quelqu'un était toujours disponible pour emmener les enfants à l'hôpital, un autre offrait une oreille attentive aux confidences teintées de sentiments d'inquiétude parfois envahissants, pendant qu'une grand-maman s'occupait à préparer de bons petits plats pour des adolescents toujours affamés, même dans la peine. Pendant ce temps, sur leur lit d'hôpital, Françoise et Yvon découvraient la grande générosité de leurs collègues de travail, qui leur offrirent non seulement du temps et de l'attention, mais encore mille et une petites gâteries. Françoise profita même d'un sapin de Noël dans sa chambre!

Originaire d'une grande famille très unie, Yvon raconte que le souvenir de la ténacité et du courage dont sa mère faisait preuve, dans les moments difficiles, l'a inspiré et aidé à franchir les différentes étapes de l'accident et surtout, à affronter l'épreuve de force qu'a représentée la perte de la vue. Une de ses sœurs lui apporta également le réconfort régulier de sa présence, dans les moments les plus critiques de son rétablissement. Quant à Françoise, elle eut souvent droit à la compagnie de son beau-frère qui travaillait non loin de l'hôpital et venait partager avec elle le contenu de sa boîte à lunch! «C'était une joie! s'exclame-t-elle, de troquer un veau Marengo d'hôpital contre un bon sandwich aux œufs maison!»

Retour à la maison

Quelques mois plus tard, Françoise et Yvon revinrent à la maison. La vie reprenait doucement son cours ou presque... car, en trois ou quatre mois, d'énormes changements se produisirent, dus évidemment à l'adaptation psychologique et matérielle des membres de la famille au nouvel état d'Yvon. Il leur fallut d'abord établir puis respecter une discipline assez stricte quant à l'environnement physique de celui-ci. À titre d'exemple, le jour de son retour à la maison, voulant s'asseoir, il évita de justesse un cactus puis, n'eût été l'intervention de Marie-Paul, il se serait assis sur la grand-maman endormie dans son fauteuil! Dès lors, tout un chacun commença à surveiller ses allées et venues, dans la maison, à lui dire quoi faire et comment le faire et surtout, où ne pas aller... seul. Ce n'était guère agréable, ni pour lui ni pour personne. Avec le temps, toutefois, on améliora la situation, mais tout cela dut se faire peu à peu. Chacun apprit à faire les petits gestes qui rendent aujourd'hui la vie plus facile à toute la famille. En dépit de ces difficultés, à certains moments l'apprentissage se révélait heureusement cocasse. Ensemble, ils apprirent à rire des pires situations. Aujourd'hui, chacun reconnaît que cet humour sauva en quelque sorte la famille d'un pessimisme dramatique et empêcha la plupart du temps ses membres de sombrer dans le découragement. Les membres de la famille Laguë ajoutent qu'à l'époque de l'accident, l'esprit positif avec lequel chacun s'efforçait de considérer les petits incidents qui se produisaient immanquablement avait évité, aussi, qu'un sentiment de malaise quelquefois inévitable ne s'installe en permanence entre eux.

Dans une dimension différente de l'épreuve d'Yvon, l'état de Françoise était également lourd à assumer. À son retour à la maison, elle se déplaçait difficilement, à l'aide d'une marchette. Même dans ses malheurs, le couple se complétait très bien, disaient les enfants. L'une n'avait-elle pas les yeux et l'autre les jambes? Yvon se laissait guider par sa femme qui ne pouvait marcher. C'est ainsi qu'ils préparaient leurs repas. Françoise, assise au comptoir, indiquait à Yvon où se trouvaient dans la cuisine les objets indispensables, de même que les aliments, au réfrigérateur. Ces premières semaines furent, en dépit de tout, peuplées de délicieux moments de bonheur. Joie d'être réunis, satisfaction mutuelle devant les obstacles déjà franchis.

L'état de sa hanche s'améliorant, Françoise put enfin recommencer à faire de longues marches à l'extérieur, en compagnie de son mari. Avec le printemps revenait l'espoir. Incapable cependant de se charger des tâches du ménage, elle dut faire appel à une spécialiste dans le domaine... C'est à ce moment-là que Gigi, devenue depuis une intime des Laguë, fit son apparition dans la famille.

Pierre-Olivier raconte aussi que lorsque vint le moment de se procurer une nouvelle voiture, sa mère transforma cet achat, après l'accident qu'elle venait de vivre, en une mission scientifique de la plus haute importance! Tous les magazines spécialisés furent minutieusement étudiés afin de déterminer, évidemment, quelle voiture serait la plus sécuritaire. Dans son souci de se protéger, elle et sa famille, Françoise allait d'un extrême à l'autre, songeant presque à un autobus et dans ses rêves les plus fous, à l'achat d'un char d'assaut. «Pourquoi pas?» disaient les enfants, fort amusés, finalement, par ces excès de zèle. Encore une fois, l'humour, cette fois-ci allié à la prudence, dédramatisa la situation. Françoise fixa enfin son choix, prosaïquement et toutes réflexions faites, sur une bonne grosse automobile qu'elle conduit d'ailleurs, sereinement mais avec la plus grande prudence.

Le besoin de s'échapper un peu de la maison commençait à se faire sentir. Sur un coup de tête, vraiment, sans avoir rien planifié, la famille décida de partir au bord de la mer. Cette aventure représentait leur première escapade à eux tous, depuis l'accident, après une année complète passée à la maison. Et puis, c'était aussi la première fois qu'ils repartaient, seuls, avec leur nouvelle voiture.

Ces quelques jours d'évasion leur apportèrent un grand réconfort. Et c'est aussi là que, en traversant une rue très animée, ils eurent l'occasion d'expérimenter le pouvoir quasi miraculeux de la canne blanche. En effet, Yvon pointa celle-ci vers l'avant et les voitures s'immobilisèrent aussitôt pour les laisser tous traverser à sa suite, «tel Moïse fendant les eaux de la mer Rouge», ajoute le père de famille. Les Laguë soulignent que les gestes et paroles, adaptés à leur nouveau contexte familial, leur viennent de plus en plus naturellement. Et dans les situations les plus diverses, humoristiques ou autres.

Défis

Puis, au retour, l'école reprit pour Pierre-Olivier et Marie-Paul, tandis qu'Yvon, pour sa part, réapprenait à lire et à écrire. Inscrit à l'Institut Nazareth-et-Louis-Braille, il y suivit des cours de lecture et d'écriture. Ce fut tout un défi pour lui que de repartir ainsi de zéro, à l'âge de quarante ans. Animé d'une grande motivation et soutenu par sa persévérance, il progressa rapidement. Mais en plus de devoir se remettre à la tâche intellectuellement, Yvon devait tout réapprendre à la maison. Tel que mentionné au début de son histoire, la famille Laguë avait immédiatement après l'accident, établi certains critères essentiels de discipline et d'encadrement général. Toutefois, en dépit des progrès communs, après un an, enfants et parents se voyaient confrontés de plus belle aux nombreuses exigences de leur nouveau cadre de vie. Ils sentaient qu'ils devaient franchir, tous ensemble, d'autres étapes dans la conquête de ce bonheur différent. En somme, il s'agissait, précisent-ils, d'offrir à Yvon une vie autonome, dans la mesure du possible, et surtout, de croire profondément, une fois encore, que tout irait pour le mieux. Et c'est ainsi que, soutenu par les siens, le père de famille se remit à la tâche avec courage, trouvant également le support extérieur nécessaire à son apprentissage. Après quelques mois intensifs de «cours de vie quotidienne», donnés par des professionnels en la matière, il cuisait les steaks sur le barbecue, lisait n'importe quelle revue en braille, se déplaçait seul, pratiquement n'importe où en ville, et savait exactement si son chandail était bleu, vert ou noir. En même temps que l'indépendance, Yvon retrouva son assurance coutumière et reprit confiance en ses possibilités.

Parallèlement à ces énormes défis que la vie leur avait demandé de relever, Françoise et Yvon, qui avaient depuis toujours rêvé de faire découvrir à leurs enfants les beautés de l'Europe, décidèrent de concrétiser ce rêve à l'été 1992. Cette fois, cependant, on planifia le voyage, autrement plus complexe à organiser que l'achat d'une voiture. Pendant que les enfants arrivaient au terme de l'année scolaire, les parents dévoraient toute documentation sur la France, but principal de leur séjour. Ils pillèrent ainsi avec entrain les bibliothèques et les librairies. Marie-Paul et Pierre-Olivier furent bombardés de résumés de lectures et d'autres informations et le 22 juin, la petite famille, à laquelle se joignit le frère de Françoise, se trouva fin prête pour le grand départ. Valises faites, on y ajouta des guides Michelin, bon nombre de médicaments inutiles mais rassurants, et plusieurs autres babioles. Le décollage à Mirabel s'effectua dans l'euphorie la plus totale.

L'arrivée fut magique, Paris, la tour Eiffel... Les enfants s'extasiaient devant leurs découvertes, faisant ainsi le bonheur de leur père. Après Paris, la famille visita la Loire, l'Alsace, la Provence, longea les côtes de la Méditerranée. Ce fut, d'après les participants, un voyage très réussi dont les odeurs, les images et les accents subsistent encore dans leur mémoire. Cette ouverture sur le monde, ces découvertes provoquèrent en chacun d'eux des effets des plus bénéfiques. Tous se sentirent revivifiés par un souffle de santé et d'optimisme. Un frais bonheur bien mérité les habitait. Marie-Paul et son frère, en compagnie de leurs parents que la vie leur avait laissés, apprirent à mieux communiquer et à partager le quotidien de gens différents d'eux. Cette épopée d'un mois achevée, ils revinrent au Québec, épanouis, grandis, animés de sincères désirs d'évolution et d'enrichissement de leur personnalité... et heureux malgré tout du retour à la maison!

Une autre expérience

Au retour d'Europe, Yvon se mit intensément à la conquête de son nouvel ordinateur. Ayant accompli plusieurs démarches dans l'intention, si possible, de revenir à l'enseignement, il détenait enfin une réponse positive de sa commission scolaire. Dès septembre, il se trouva fin prêt à donner son premier cours à une trentaine d'élèves du secondaire II avec, à ses côtés, sa femme, dont le rôle consisterait principalement à surveiller les examens, à corriger les travaux des étudiants, enfin, à prendre en charge tout ce que la cécité de son mari l'empêchait de réaliser lui-même.

Quelques instants avant le son de la cloche, Marie-Paul alla souhaiter bonne chance à ses parents. Son père, habituellement si calme, était assailli par le trac du premier cours. Pour sa compagne et lui-même, c'était là un autre défi à relever et tous deux le firent avec brio. Ce premier contact avec les jeunes se déroula sans accroc, malgré une certaine timidité des élèves face à la cécité de leur nouveau professeur.

Peu à peu, une belle complicité s'établit entre Françoise, les élèves et son mari. L'expérience dura quatre mois au terme desquels un avis juridique, émis par l'Assurance-automobile du Québec, recommanda la cessation de l'emploi. Les Laguë acceptèrent cette décision puisque la SAAQ assurait une sécurité que ne garantissait pas ce travail à temps partiel.

Le bonheur au présent

Ayant décidé de profiter à fond de leur retraite plutôt précoce et suscitant ainsi l'envie des copains et collègues, les époux Laguë s'adonnent dorénavant à diverses activités qui leur tiennent réellement à cœur: bons petits soupers en tête-à-tête, longues marches dans le quartier, ou encore soirées interminables entre amis et sorties à Montréal, à Québec ou ailleurs. De plus, Yvon apprend l'espagnol et fait de la musique tandis que sa femme planifie avec bonheur leurs futurs voyages.

Le couple a traversé des moments pénibles au cours desquels il s'est appuyé sur le ferme tremplin de la foi et de la confiance en l'avenir. Les minutes précieuses des activités communes sont maintenant soulignées par mille petites douceurs, par des embrassades affectueuses, comme par des discussions endiablées d'où fuse soudainement un air connu ou quelque fou rire irrésistible.

Du fait qu'ils ne travaillent plus à l'extérieur, Françoise et Yvon consacrent tout le temps désiré à l'épanouissement du climat familial, aux besoins de leurs enfants, autant qu'à la réalisation de leurs désirs personnels. Ce qui compte maintenant pour les Laguë, c'est le quotidien, de même que les moments les plus humbles partagés avec les intimes. Quand, pour parents et enfants, se sont enfin dissipés les jours sombres, le «précieux instant présent» leur est apparu comme une lumière. À chaque jour, ils reçoivent avec reconnaissance, dans leurs mains ouvertes, le cadeau de la vie à nouveau disponible.

Et chacun, dans cette famille, semble déterminé à en disposer inlassablement, sur l'heure.

UN CHOIX DE VALEURS

Carole et Mario Desmarais

Natif du Bout-de-l'Île, à Pointe-aux-Trembles, Mario Desmarais y vit depuis 41 ans. Son père, ouvrier, devait travailler de longues heures pour subvenir aux besoins de son épouse et de leurs quatre enfants. Mario se rappelle particulièrement avoir frôlé la mort, à l'âge de 12 ans, à cause d'une péritonite mal soignée. La famille, très unie, était bien chrétienne et, comme souvent à l'époque, le chef du foyer était la mère de Mario, le travail accaparant son père à l'extérieur de la maison familiale. C'est dans son quartier natal que Mario complète ses études primaires puis qu'il entre au secondaire mais, parvenu au secondaire IV, il abandonne. Il s'en veut encore aujourd'hui.

Mario vit alors ses années d'adolescence, mais s'il n'étudie pas, il devra travailler. À 17 ans, il est embauché sur les chantiers de construction. Il y travaille durant trois étés consécutifs. «Ça allait mal mon affaire, dit-il. J'ai travaillé aussi, pour un temps, dans le domaine de la musique. J'appartenais à un groupe de musiciens qui faisaient de l'animation dans des soirées. Nous animions des messes dans trois paroisses, dont la paroisse Sainte-Maria-Goretti. C'était l'époque des messes «à gogo», vers 1970. Notre groupe était assez uni. Pour les répétitions, nous allions dans un sous-sol, chez l'un ou chez l'autre dont la mère aimait mieux nous voir faire ça que de traîner dans les rues.» C'est par l'intermédiaire du groupe que Mario rencontre Carole. Celle-ci habite alors le Centre-Sud. Lorsqu'elle fait la connaissance de Mario, elle participe à une rencontre de famille, dans la paroisse de celui-ci, à l'occasion de Pâques.

Carole, fille unique, est née au cœur de Montréal, dans le quartier Sainte-Brigide. Son père, handicapé visuel, est directeur administratif à l'Institut national canadien des aveugles (INCA), pour la région de Montréal. Une fois son secondaire terminé, Carole poursuivra des études en musique.

Elle aussi se souvient de ce jour de Pâques où toute la famille s'était retrouvée chez sa tante du Bout-de-l'Île. Ses cousines faisaient justement partie du groupe musical qui animait les célébrations eucharistiques. Et ce jour-là, tous les jeunes du groupe étaient présents. Commentaire de Mario: «Nous avions reçu la consigne de faire attention à la petite cousine Carole, parce qu'elle était gênée!» Et Carole: «Il a tellement fait attention à moi qu'il m'a épousée!» Leur mariage est célébré à l'église Sainte-Brigide, le 28 juin 1975. La famille compte aujourd'hui trois filles, Kim, Émilie et Myriam, âgées respectivement de 13, 7 et 5 ans.

Au moment de son mariage, Mario avait obtenu un poste de chauffeur d'autobus à la Société de transport de la Communauté urbaine de Montréal (STCUM), emploi tout de même moins précaire que celui d'animateur musical de soirées et de messes. Mario fait remarquer que le travail de chauffeur d'autobus est bien solitaire. Selon lui, on y côtoie beaucoup de gens, mais on y rencontre les collègues qu'occasionnellement. Les gens se connaissent par leur nom, mais les contacts furtifs ne permettent pas de développer des amitiés. Mario est toujours considéré comme chauffeur par la STCUM, mais depuis deux ans, on l'a affecté à un projet spécial de la Société. Il va d'école en école pour initier les jeunes à la connaissance du réseau de transport en commun.

Mon travail, c'est mon foyer!

Carole explique son choix: «Je ne travaille pas à l'extérieur parce que je n'ai pas le temps; j'ai trop d'ouvrage à la maison! Cela dit, pour nous, ça a été vraiment un choix. À partir du moment où j'aurais des enfants, il était entendu que je m'en occuperais à temps plein.» Lucide, Carole constate que dans son entourage, on ne valorise, la plupart du temps, que l'aspect matériel de la vie. «Parfois, ajoute-t-elle, nous nous sentons un peu bizarres, un peu à part des autres.» Cependant, elle ne se sent aucunement brimée dans sa liberté. Bien au contraire, elle avoue même être très libre, peut-être plus que d'autres qui subissent les contraintes du travail à l'extérieur. Même si, dans le contexte actuel de la société, elle ne trouve pas ce choix toujours facile à assumer.

«Je nous regarde, dit-elle, et je me dis que nous ne sommes tout de même pas si mal: nous avons notre maison, qui n'a rien d'extraordinaire, il est vrai, mais qui est à nous. Nous avons donc un toit, nous avons de quoi nous nourrir convenablement et de plus, nous sommes bien entourés, nous avons de bons amis.» Pour Carole et Mario, il est évidemment important de pouvoir se procurer le nécessaire. Mais s'ils se passent, semble-t-il, du superflu, ils se disent tout de même non seulement satisfaits mais heureux des priorités qu'ils ont établies dans leur vie. À mesure que les enfants vieillissent, Carole songe à retourner aux études, mais ne se sent pas pressée de le faire.

Expressions d'un vrai bonheur

Dans la vie de Carole, les préoccupations matérielles ont toujours eu peu d'importance. «Par exemple, dit-elle, j'ai très peu de toilettes.» Son intérêt n'est pas d'accumuler des vêtements en quantité impressionnante, mais d'en posséder suffisamment. Elle ne croit pas en l'avantage de ce genre d'investissement. «Nous allons chez des voisins et nous voyons que leur maison est plus confortable, très bien meublée, puis nous revenons chez nous. Je sais que leur ameublement est beau. Chez nous, nous n'avons pas ça. Mais ça ne me dérange pas parce que nous avons le bonheur, la santé et la joie d'être ensemble.»

Carole est très engagée en pastorale, dans sa paroisse, ainsi que comme bénévole, dans quelques autres activités. Ce temps donné à la communauté représente beaucoup pour elle et Mario, en termes de valeurs. Carole ne nie pas le fait qu'il pourrait bien lui arriver, un jour, d'être obligée de travailler, mais elle s'épanouit actuellement dans ces activités sociales et chrétiennes qui demeurent prioritaires à ses yeux, «tant que j'aurai la possibilité de les poursuivre», conclut-elle.

D'autre part, dans l'esprit de ce jeune couple, la famille, en tant que lieu privilégié, est digne de l'énergie qu'ils y investissent. Carole et Mario en gardent la conviction profonde. L'expérience vécue au sein de leurs familles d'origine leur a fait découvrir cette valeur, devenue par la suite fondamentale à leurs yeux.

Cependant, leur attachement à cet état familial ne leur occulte pas la réalité, et d'autant moins les difficultés auxquelles sont confrontés les foyers autour d'eux. Ils sont bien conscients du sérieux des défis que la vie leur propose, pour réaliser leur idéal. Ils savent qu'ils «baignent» dans un environnement composé de familles aux profils très différents. État de fait, en grande partie créé par ce qu'on a appelé si justement «l'éclatement de la famille traditionnelle». Mais ce n'est qu'au cours de ces dernières années qu'on a pu dire que les familles éclatées constituent réellement une des principales manifestations du bouleversement social qu'a connu la société québécoise il y a quelque trente ans.

Le défi des valeurs primordiales

Mais, selon Mario, cet éclatement de la famille, tel qu'il se produisit dans les années 1960, peut demeurer, si on n'y prend garde, à l'état de prise de conscience. Ce qui créera la différence, d'après lui, se situe dans le choix des valeurs de l'individu. Mario a l'impression d'évoluer de plus en plus à l'intérieur d'une société pour laquelle les valeurs, estimées autrefois fondamentales, n'ont plus ou, en tout cas, ont beaucoup moins d'importance qu'elles en avaient jadis. Mario croit qu'il est tout de même relativement facile de communiquer des valeurs personnelles à de jeunes enfants. «Mais à l'adolescence, ajoute-t-il, cela devient plus difficile. Demander à une jeune adolescente de respecter des valeurs qu'elle voit méprisées ou simplement ignorées à peu près partout autour d'elle, devient un tour de force.»

L'aînée de la famille Desmarais, Kim, aura bientôt 13 ans. Adolescente, elle aime se sentir de plus en plus responsable et autonome, mais elle en conteste d'autant plus ses parents! Et c'est précisément sur les valeurs qui tiennent davantage à cœur à Carole et à Mario que s'établissent les bases de la contestation! N'est-ce pas le cas pour la plupart des adolescents? Carole et Mario ne ne sentent pas très à l'aise dans cette situation, mais ils souhaitent tout de même que Kim en vienne à retenir et à adopter certains de leurs principes de vie. Ses parents s'estimeront heureux si elle garde en mémoire que c'était là les principes des deux personnes les plus importantes de sa vie.

Mario en parle en connaissance de cause: «Nous continuerons quand même à lui affirmer nos valeurs. Pour nous, il importe grandement de lui parler de ces valeurs et de continuer à les mettre en pratique. Nous souhaitons qu'elle découvre que nos choix nous rendent vraiment heureux dans la vie. Je dirais que c'est là notre devoir et notre responsabilité à son égard.»

Carole et Mario ont décidé, entre autres choses, d'expliquer à leur aînée que leurs priorités personnelles ne sont pas d'ordre économique. Que pour eux, la possession, à la maison, d'un jeu Nintendo n'est pas essentielle. Qu'ils ont la ferme conviction qu'il est possible de s'amuser et de se détendre de manière bien plus intéressante qu'en «pitonnant» devant un écran.

Kim: «Que Sophie est chanceuse! elle a un téléviseur couleur et un appareil vidéo dans sa chambre, et tout le reste...» Mais la maman de Kim sait également que cette amie de sa fille est une enfant unique. Que ses parents travaillent et qu'elle est presque toujours livrée à elle-même. Carole s'efforce de faire comprendre les choses à Kim, par le biais d'exemples concrets. «Alors, je lui ai dit: je sais bien que nous avons moins de gadgets que peuvent en avoir les familles de tes copines. Mais qu'est-ce que tu préfères? Avoir des tas de choses ou que je sois ici le midi et le soir quand tu rentres de l'école? Et Kim m'a répondu: sais-tu, finalement, je préfère que tu sois là.»

Carole croit donc essentiel de profiter d'occasions précises, comme dans ce dernier cas, pour aider les enfants à saisir certaines réalités. Elle reconnaît qu'il arrive à l'occasion que certaines conséquences de leurs choix puissent paraître négatives à une adolescente. Par contre, en établissant des comparaisons avec la situation familiale de ses amies, les parents de Kim lui démontrent l'aspect positif de leurs options à eux.

Des filles aimées

Il est évident que les Desmarais, comme tous les parents aimants, souffrent parfois de ne pouvoir offrir à leurs trois filles des sorties plus élaborées, parce que leur budget ne le leur permet pas. Par contre, durant les vacances, ils prévoient une ou deux journées qui seront uniquement consacrées aux préférences des enfants. «Et nous leur disons: nous pouvons vous offrir de tels plaisirs et nous sommes très contents de le faire pour vous.»

Carole gâte davantage sa fille aînée pour l'achat de ses vêtements. Du fait de son statut d'aînée, Kim achète des vêtements à sa taille et «refile» ensuite ceux-ci à sa deuxième sœur, Émilie, puis Émilie les passe à son tour à Myriam, habitude en cours dans bien des familles québécoises! Des amis et parents font aussi des dons aux deux cadettes. Carole tient ainsi à respecter l'amour-propre de sa grande fille, relativement à la question vestimentaire. «Nous devons tenir compte de cette sensibilité particulière de notre enfant et nous sommes vigilants à ce sujet, dit Carole. Comme moi j'ai peu d'exigences pour les toilettes, cela nous permet d'en offrir un peu plus à Kim. Nous faisons des compromis pour elle et elle est très consciente qu'elle doit aussi en faire pour nous. Ainsi, quand elle veut des choses futiles, nous l'amenons à juger de l'importance de son désir, par rapport à ce qui pourrait lui être vraiment utile.» Carole raconte que sur le coup, Kim maintiendra son premier choix. Et après réflexion, elle se rallie à leurs suggestions.

Mario estime que Kim comprend que sa mère ne travaille pas et qu'il est donc le seul gagne-pain. Il ajoute qu'elle apprécie l'avantage qu'ont ses parents de posséder leur maison et qu'il lui soit donné, à elle et à ses sœurs, la chance d'être bien nourrie et vêtue. Carole raconte qu'à l'achat de la piscine, tous étaient si heureux de voir, enfin réalisé, ce rêve caressé depuis si longtemps!

Les voisins

Et Mario enchaîne: «Carole vient de parler de la piscine et cela me fait penser aux liens que nous avons avec le voisinage. En effet, un de mes voisins vend des piscines. Il m'en parlait souvent et m'offrait même une véritable aubaine. Mais je lui disais toujours que nous n'en avions vraiment pas les moyens.» Un jour, le voisin en question fait exécuter par Mario des travaux dans sa maison. Et le tour est joué! Ce revenu supplémentaire sera transformé en piscine. «Quand nous l'avons installée, tous les voisins sont venus donner un coup de main, ça a été vraiment extraordinaire. C'était une fête entre amis. Des relations d'amitié et de solidarité très fortes se sont progressivement établies entre les premiers venus, dans notre coin.»

Mario et Carole fréquentent particulièrement les couples arrivés en même temps qu'eux, dans le voisinage, une dizaine d'années auparavant. Les femmes organisent des soupers annuels et sont également très liées. «Le réseau d'entraide est formidable, s'exclame Mario. Par exemple, si des gens partent en voyage, ils nous laissent leurs clés. Nous rentrons le courrier et surveillons la maison. Ce sont peut-être des choses banales, mais pour nous, elles ont une grande importance. Nous organisons régulièrement quelques fêtes pour célébrer notre amitié.»

Virage spirituel

Mario et Carole avaient des parents très croyants et engagés au service de leur paroisse. Toutefois, à un moment donné, comme plusieurs personnes de leur génération, Carole et Mario prirent du recul face à la pratique religieuse et à l'Église. Mais c'est à l'occasion du baptême de leur deuxième fille que leur vie spirituelle prend un nouveau virage. «Nous n'avions besoin que d'une toute petite poussée pour refaire un lien, dit Mario. Le baptême d'Émilie a servi d'étincelle pour rallumer la flamme.»

On arrivait alors à la fin de l'année 1985. Comme premier engagement paroissial, Mario accepte de devenir marguillier. Il a 33 ans et on le considère comme «un phénomène rare». Entre autres capacités, son habileté en bricolage de tous genres l'a fait pressentir pour ce poste. Quelque temps après, Mario et Carole sont invités à se joindre au couple qui est en charge de la pastorale du baptême. Le mari est un collègue de travail de Mario et leurs maisons sont adjacentes. L'année suivante, Carole et lui participent à la mise en route du comité d'initiation chrétienne, pour la préparation des petits à la cérémonie du pardon et de l'eucharistie. Du fait de ces activités, Carole et Mario deviennent catéchètes.

C'est ainsi que le couple, après une sérieuse réflexion, s'engagea dans un projet de préparation au diaconat permanent, du diocèse de Montréal. Suite à cette décision, prise en septembre 1988, Mario sera probablement ordonné diacre d'ici quelques mois. La préparation de son mari au diaconat a conduit Carole à planifier, pour sa satisfaction personnelle, un projet de présence au sein du Foyer de charité de Montréal. Son désir s'est concrétisé tout récemment.

Une foi vécue en famille

Carole constate qu'il n'est pas facile de vivre sa foi en famille. Elle explique que la volonté de témoigner de sa foi dans le milieu familial «peut provoquer des blocages chez les membres de la famille. Nous avons peut-être beaucoup de mots pour en parler, dit-elle, peut-être trop... Et il faut surtout penser aux enfants.» Dans leur cas, elle fait allusion à son adolescente, Kim, car, selon elle, les jeunes enfants aiment les cérémonies religieuses. Carole et Mario obligent Kim, même si elle a grandi, à assister encore à la messe avec eux. Car ils croient en l'importance de l'eucharistie dans la vie familiale. Même si elle y fait parfois ce qu'elle veut, lecture ou étude, ils insistent devant elle sur l'importance de participer à l'eucharistie, en famille. Et Carole croit que pour quelques années, il en sera ainsi. Par contre, elle nous parle de l'expérience vécue à la confirmation de sa fille: «Au moment de la confirmation, nous l'avons laissée très libre d'accomplir ou non cette démarche et nous avons essayé de lui faire exprimer les raisons qui l'amèneraient à faire un choix ou l'autre. Elle a opté pour être confirmée. Nous ne pouvons pas mesurer la foi des autres et c'est vrai, également, pour la foi de Kim. Mais nous croyons que de cette façon, nous assumons notre responsabilité à son égard.»

Carole assure, cependant, qu'elle et son mari ne sont pas des mystiques, loin de là, ni même des gens «portés à la prière», dit-elle, mais plutôt «des gens d'engagement et d'action». Et c'est ainsi qu'ils espèrent témoigner de leur foi devant les enfants. Carole se fie à l'expérience de sa jeunesse, auprès de ses parents, gens eux-mêmes très engagés. Elle affiche une belle confiance quant à l'impact que pourrait avoir leur vivant témoignage sur l'esprit de leurs filles. «Je crois d'ailleurs que nos choix ont été très liés à notre foi, conclut-elle. Et notre découverte progressive de Jésus Christ est aussi une exigence qui marque continuellement nos vies.»

La communauté chrétienne: un appui

Les engagements paroissiaux des Desmarais les ont mis en contact avec les membres de la communauté chrétienne et, plus particulièrement, avec les forces vives engagées comme eux dans les secteurs de la pastorale paroissiale.

Les couples, engagés au service des parents présentant un enfant au baptême, sont devenus rapidement très proches les uns des autres. Avec eux et plusieurs autres couples, Mario et Carole ont participé à une session du Service d'orientation des foyers. Ces rencontres, en plus d'apporter une aide précieuse dans les foyers, ont consolidé leurs liens d'amitié.

Mario et Carole parlent avec enthousiasme des échanges qu'ils expérimentent au sein de ce groupe familial. Les conversations après la messe du dimanche, les excursions aux pommes ou les soupers communautaires leur font découvrir chez tous ces gens des idéaux semblables aux leurs, mais aussi des intérêts différents qui contribuent à enrichir la vie de leur propre cercle intime.

Et Carole d'ajouter que les liens qu'elle a créés avec les femmes de ce groupe lui sont devenus précieux car, parfois, dit-elle, «on a l'impression d'être une "bibitte rare". Mais quand on constate qu'il existe plusieurs foyers comme le nôtre, on est heureux. Et puis ce réseau constitue une richesse pour les enfants: ils y reconnaissent leur propre famille.»

Mario estime que de pouvoir exprimer librement sa foi, en compagnie de personnes vivant le même engagement que le sien, se révèle un réel soutien. «Notre communauté chrétienne étant plutôt jeune, dit-il, toutes les familles voulant participer à ces activités peuvent y trouver un appui appréciable.»

Le couple

Carole aborde ainsi la question: «Étant donné nos nombreuses implications pastorales, je dois dire que c'est dans ces activités, ainsi que dans les cours que nous suivons à Marie-Victorin, que nous nous retrouvons actuellement en tant que couple. Les conversations qui ont ensuite lieu sur le chemin du retour cimentent vraiment notre vie de couple.»

Même si Carole et Mario aiment bien aller voir un bon film, de temps en temps, ou souper au restaurant en amoureux il leur arrivera, avec le plus grand bonheur, de se priver d'une sortie pour rester bien au chaud, à la maison, avec leurs filles.

Carole agit aussi à titre d'accompagnatrice dans des sorties scolaires et elle assure une présence occasionnelle à la bibliothèque. Quant à Kim, elle est aide-animatrice au Mouvement international d'apostolat des enfants (MIDADE).

Mario se prépare à son ordination au diaconat. Sa femme et lui prévoient, au cours des prochaines années, s'occuper de façon intensive des couples engagés dans le projet de préparation de leur enfant au baptême. Ils souhaiteraient éventuellement former un groupe de soutien pour ces parents.

L'avenir

Mario pense être à la retraite dans une douzaine d'années. Il aimerait, d'ici là, continuer son travail actuel auprès des écoliers. «Quand je serai à la retraite, dit-il, Kim aura pris sa vie en main et nous aurons deux adolescentes à la maison. Ça nous préoccupe, bien sûr, mais ça ne nous inquiète pas. Nous sommes sereins devant le vieillissement des enfants.» Carole et Mario se sentent très concernés par l'évolution des filles, mais leur font pleinement confiance. Ils souhaitent leur donner la chance de compléter de bonnes études, pour assurer leur avenir.

«Quant à moi, renchérit Carole, parfois je me dis que je pourrais étudier lorsque les filles seront plus autonomes. Je ne retournerais pas à temps plein sur le marché du travail. Je ne veux pas vivre pour travailler. Je tiens à continuer mes engagements.» Carole est davantage attirée par le travail bénévole. Elle ne croit absolument pas avoir raté sa vie sous prétexte qu'elle n'a pas été sur le marché du travail.

«Ce que je fais à la maison et pour la communauté, ajoute-t-elle en guise de conclusion, est très épanouissant pour moi et me gratifie énormément.»

ONZE ENFANTS, SIX PAYS, UNE FAMILLE

Jacqueline et Jean-Guy Miron

Quand ils se rencontrèrent pour la première fois, Jacqueline et Jean-Guy étaient tous deux étudiants, elle à l'École des infirmières et Jean-Guy à Polytechnique. Fiancés le 28 décembre 1967, jour anniversaire de la naissance de Jacqueline, ils se marièrent le 17 août 1968. Jacqueline travaillait déjà depuis un an comme infirmière et son jeune mari venait tout juste d'obtenir un premier emploi. Ils étaient âgés de 21 et 24 ans.

Jeune couple, ils avaient inscrit à leur «agenda de vie» un projet original. En effet, Jacqueline et Jean-Guy désiraient non seulement avoir «leurs» enfants, mais caressaient un désir secret d'en adopter... et même plusieurs! Nous allons voir qu'ils obéirent le plus spontanément du monde à cette intuition, ouvrant non seulement leur cœur à des enfants en mal d'amour et de bons soins, mais toutes grandes aussi, les portes de leur maison.

Après son mariage, Jacqueline décide d'arrêter de travailler. Mais rapidement, elle trouve le temps long dans son petit appartement de Dorval et le désir d'avoir un enfant remonte alors en elle. «Nous ne savions pas exactement combien, mais nous savions que nous voulions avoir plusieurs enfants.» Le jeune couple vit à deux l'événement de cette première grossesse, promesse d'un premier bonheur à trois. La société de cette époque est en train de s'adapter à diverses transitions, dont celle qui donnera aux futurs pères accès à la salle d'accouchement. À chaque semaine, Jacqueline et Jean-Guy se rendent donc à l'hôpital Catherine Booth et participent avec enthousiasme aux séances d'exercices prénataux.

Aux premières douleurs de Jacqueline, ils arrivent à l'hôpital et rencontrent l'infirmière de service qui vient prendre le pouls du bébé, qu'elle ne parvient pas, d'ailleurs, à repérer. Les futurs parents remarquent son air inquiet. Le médecin non plus n'y parvient pas. Jacqueline se dit que quelque chose ne va pas. À cette époque, les hôpitaux n'étaient pas encore munis de l'équipement sophistiqué qui permet aujourd'hui de vérifier, entre autres, les battements de cœur du bébé. On avertit le jeune couple de la mort probable de son bébé. Pourtant, Jacqueline n'avait-elle pas senti battre son cœur à peine quelques heures auparavant? Deux heures plus tard, ils apprennent effectivement le décès de leur tout-petit.

«Alors, nous nous sommes serré la main et nous avons dit ensemble: "Que ta volonté soit faite." C'était tout ce que nous pouvions dire. Pourtant, nous désirions tellement cet enfant! Nous nous demandions: "Comment se fait-il que le bon Dieu...?"

Mais en fait, on ne s'est même pas vraiment posé la question. Que ta volonté soit faite.»

À l'hôpital, Jacqueline partage la chambre avec une jeune fille sur le point d'accoucher. Une petite fille naît, mais la mère ne veut pas garder l'enfant. Jacqueline et Jean-Guy souhaitent le prendre avec eux, l'adopter immédiatement. Survient alors un obstacle, majeur à l'époque: les couples ne peuvent adopter un enfant de religion différente de la leur. La jeune femme est protestante et eux sont catholiques.

Cependant, le désir d'adopter un enfant reste bien présent en eux. Bien que Jacqueline soit toujours hospitalisée, son mari et elle communiquent avec les Catholic Family Services. Une travailleuse sociale leur suggère de respecter un délai de quelques semaines «car, leur dit-elle, vous vivez présentement un deuil». Deux semaines se sont à peine écoulées lorsque Jacqueline lui téléphone à nouveau et, cette fois, obtient un rendez-vous.

Heureusement, une fois entreprises, les étapes en vue d'une adoption pouvaient être franchies très rapidement. On demande donc au jeune couple de justifier les motifs de sa démarche et la travailleuse sociale est à même de juger rapidement du sérieux de l'affaire. Une dizaine de jours plus tard, elle rend visite à Jacqueline. Tout, dans la maison, est encore en place pour accueillir l'enfant. À la fin de l'entrevue qui a duré deux heures, la travailleuse sociale annonce à Jacqueline qu'elle a un petit garçon à lui présenter. Jacqueline rejoint son mari au travail et lui fait part de la nouvelle. Celui-ci lui donne immédiatement son accord.

Il s'agissait d'un enfant de huit mois et demi qui avait été adopté. La mère, s'étant retrouvée enceinte, ne voulait plus le garder. Stéphane avait vécu trois mois dans ce foyer. Trois jours après l'intervention des services d'adoption, il arrivait dans son nouveau foyer. Étrangement, le bébé ressemblait à son nouveau père. Il était beau. «Nous étions en février 1970. Notre joie d'avoir enfin un enfant à nous était telle que la première chose que nous avons voulu faire a été de le présenter au Seigneur. Nous sommes partis de Dorval pour aller à l'église Notre-Dame-de-Grâce, lieu de notre mariage. Nous avons remercié le Seigneur et lui avons offert Stéphane. Il en a été ainsi avec tous nos enfants.»

Stéphane pourrait-il avoir un petit frère? Pourquoi pas. Jacqueline et Jean-Guy veulent adopter un deuxième enfant le plus tôt possible. Dès le mois de mai, leur décision est prise et ils communiquent de nouveau avec la travailleuse sociale. Celle-ci leur fait remarquer que les formalités pour l'adoption de Stéphane ne sont même pas encore terminées. Il ne peut être question d'une autre démarche dans l'immédiat.

Néanmoins, à l'approche de Noël 1970, heureux d'avoir Stéphane dans leurs bras, les nouveaux parents éprouvent un vif désir de partager cette joie avec quelqu'un d'autre. Un travailleur social, un jésuite qui deviendra leur ami par la suite, les met en communication avec une jeune femme démunie, mère de trois jeunes enfants. Ils vont la rencontrer chez elle et pendant que Jacqueline garde ses enfants, la mère fait des courses en compagnie de Jean-Guy. Ils achètent de la nourriture et des cadeaux pour toute la famille. Cette jeune mère leur dira, par la suite, que c'est le plus beau Noël qu'elle connaît depuis longtemps, car elle a pu choisir elle-même sa nourriture et ses cadeaux.

Les services sociaux apprécièrent tellement la façon dont Jacqueline et Jean-Guy avaient aidé cette famille qu'ils leur firent cadeau d'un autre enfant. «Patrick, né le 11 décembre 1970, était dans nos bras le 19 janvier suivant.» Jacqueline et Jean-Guy profitèrent alors de cette période pour établir les bases de leur nouvelle vie de famille, avec leurs deux enfants. En 1971 ils achetèrent une nouvelle maison car l'appartement était devenu trop petit.

Mais une flamme ardente couve en eux... Après quelque temps, ils se présentent de nouveau aux services d'adoption. On leur dit alors qu'il n'y a pas d'enfant disponible. Qu'à cela ne tienne, on attendra... Mais une tâche différente les attend cette fois-ci. La mère de Jean-Guy ne peut plus vivre seule et vient demeurer avec eux. Son état exige beaucoup de soins. En dépit de cette surcharge, les parents acceptent d'accueillir deux enfants en foyer nourricier. L'un d'eux restera huit mois avec eux et l'autre deux ans.

Et le Bengladesh?

Peu après le décès de madame Miron, Jacqueline et Jean-Guy font les premiers pas auprès de l'organisme Familles pour enfants (un organisme d'adoption international) pour adopter Rachel, une petite fille née au Bengladesh. La petite arrive, bien mal en point, le 31 août 1978, la veille de son deuxième anniversaire. Elle ne pèse que seize livres, ne marche pas et peut à peine s'asseoir. Tout juste arrivée, on doit l'hospitaliser pendant une semaine car en plus, elle a contracté une pneumonie. Jacqueline passe la semaine à l'hôpital avec elle. Rachel éprouve beaucoup de difficultés avec la nourriture: elle ne digère ni le lait ni la farine, ni plusieurs autres produits. Entourée dorénavant de beaucoup d'amour et de bons soins, il lui faudra tout de même un an avant de recouvrer la santé.

Les parents pensent à une petite sœur et font alors connaissance avec Carmen. Née elle aussi au Bengladesh, le 29 mars 1977, elle arrive à Dorval le 30 octobre 1980, en compagnie d'une dizaine d'autres enfants, tous dans la même situation. Une fois dans les bras de Jacqueline, Carmen, inconsolable, pleure à fendre l'âme puis elle voit son nouveau père qui lui tend les bras; elle l'entoure littéralement de ses bras et jambes, tel un petit singe s'agrippant à sa mère. Elle reste ainsi dans les bras de Jean-Guy pendant trois jours et trois nuits, l'accompagnant partout, en tous lieux. Jean-Guy ne va pas à son travail, la petite ne veut pas lâcher prise. Et comme elle a les cheveux remplis de poux, papa en a lui aussi plein les cheveux et la barbe! Pendant ce temps d'adaptation, Carmen suit évidemment ses nouveaux parents dans leur lit. À cause du décalage horaire, elle se réveille pendant la nuit et Jacqueline tente doucement de l'apprivoiser. Elle lui offre de la nourriture, s'amuse avec elle et la cajole. Au bout de ces trois jours, Jean-Guy peut enfin retourner à son travail. Quelle aventure!

L'adoption à distance

«À la même période, par l'entremise du Canadian Foster Parents' Plan, nous avons parrainé des enfants coréens. Puis, cet organisme s'est retiré de Corée, mais on nous avait donné l'adresse de la famille que nous parrainions. Nous avons maintenu la correspondance avec la maman, ainsi que l'envoi d'argent pour permettre à ses deux filles de fréquenter l'école. Parfois, elle nous écrivait: "Je ne suis plus capable. S'il vous plaît, adoptez-en une." Nous lui répondions que nous nous sentions incapables de briser une famille et que nous ne prenions que des enfants qui étaient vraiment abandonnés.» Puis, un jour, la maman coréenne écrit aux Miron que s'ils n'adoptent pas une de ses filles, elle sera contrainte de la faire adopter ailleurs. Cette triste nouvelle pousse Jean-Guy et Jacqueline à agir. «À la grâce de Dieu, se disent-ils, si c'est sa volonté des portes s'ouvriront pour elle.» Ils entreprennent les démarches en septembre 1981 et en mai 1982, Marie les rejoint. Elle a treize ans, ne parle que le coréen. Pas un mot de français ni d'anglais.

«En arrivant ici, Marie croyait tout d'abord que sa mère viendrait la rejoindre ultérieurement, ce qui ne fut évidemment pas le cas, nous raconte Jacqueline. Nous avons vécu quelques années difficiles avec elle. Nous ne correspondions pas au rêve qu'elle s'était fait de la famille nord-américaine, c'est-à-dire d'une famille très riche. Les Américains vivant en Corée nageaient dans l'opulence et les Coréens se faisaient des images de grand luxe de la vie en Amérique du Nord. Marie s'était imaginée arrivant dans un palais où de nombreux domestiques se tiendraient à sa disposition. Elle était absolument convaincue de n'avoir jamais à faire la vaisselle ni le ménage! Elle croyait qu'elle n'avait qu'à vouloir une paire d'espadrilles luxueuses à 75 $, pour les obtenir sur-le-champ, simplement en exprimant sa demande.» Mais Marie eut le choc de sa vie, c'est le moins qu'on puisse dire! Car sa nouvelle famille vivait modestement.

L'apprentissage de la langue fut également difficile pour la petite Coréenne. On l'avait intégrée dans une classe d'accueil. Forte en mathématiques, elle échouait, par contre, continuellement en français. À l'âge de quinze ans, dépitée, elle fit une tentative de suicide. Cette période fut très difficile pour elle et ses parents adoptifs. Puis, graduellement, elle apprit à surmonter ses désenchantements et à affronter les difficultés qu'elle rencontrait. Présentement, tout va bien pour elle. Elle termine, cette année, ses études en génie, à l'université.

Peu après, Jacqueline et Jean-Guy accueillirent successivement trois autres jeunes Coréens venus à Montréal pour y subir des interventions chirurgicales majeures. C'est Marie qui servit alors d'interprète entre ses parents et les jeunes. Ces jeunes malades opérés partagèrent la vie de Marie et de ses parents adoptifs pendant des périodes de trois mois à un an.

Cependant, la récession des années 1980 les affecta, comme beaucoup de gens. Jean-Guy était incertain de conserver son emploi. Quant à Jacqueline, elle n'avait pas travaillé à l'extérieur du foyer depuis quinze ans. Avant d'envisager un retour au travail, il lui fallait actualiser sa formation professionnelle. Elle retourna donc au cégep pendant quatre mois. Ensuite, elle commença des études en gérontologie à l'université, tout en travaillant à temps partiel dans un foyer pour personnes âgées, à proximité de chez elle.

Un bébé-miracle

Mais en dépit de ces réajustements, le désir de Jacqueline et de son mari d'adopter d'autres enfants ne s'éteint pas pour autant. La flamme est toujours vive. Alors que les plus jeunes ont maintenant 10 ans ils décident de parler encore une fois à leur travailleuse sociale, pensant accueillir cette fois un enfant de 5 à 8 ans environ: «N'importe lequel, celui qui a le plus besoin d'une famille», précisent-ils. Mais la travailleuse sociale leur parle plutôt d'un bébé: Samuel. Sans hésiter, Jacqueline et Jean-Guy acceptent.

Né d'une mère cocaïnomane, Samuel est venu au monde après seulement 27 semaines de gestation, pesant à peine un kilo à la naissance. Cocaïnomane de naissance, il «meurt» plusieurs fois, mais on réussit toujours à le réanimer, à le ressusciter. Il passe ainsi les quatre premiers mois de sa vie à l'hôpital.

Il faut ajouter que le petit Samuel avait vécu dans deux foyers nourriciers différents avant d'arriver à l'âge de neuf mois chez Jacqueline et Jean-Guy. On les informa alors que Samuel était aveugle d'un œil et que son autre œil étant très atteint, l'enfant devrait porter des lunettes le plus tôt possible. Samuel était décrit comme un enfant replié sur lui-même, qui avait énormément besoin d'être stimulé. «Nous ne savions pas où nous allions avec cet enfant, nous dit Jacqueline. On nous avait prévenus qu'il était "à haut risque". Et voilà qu'aujourd'hui, c'est notre bébé-miracle! Il ne porte plus de lunettes, il court! Il a eu six ans au mois de juin et déjà, il connaît toutes ses lettres et il joue du piano.

Avec l'arrivée de Samuel, les Miron commencent à manquer sérieusement d'espace. Ils ont alors six enfants et seulement trois chambres à coucher. Jean-Guy aménage donc pour ses garçons une quatrième chambre au sous-sol.

Le mouvement «Emmanuel»

En 1984, la journaliste Lily Tasso avait écrit un article dans *La Presse* sur un mouvement qui avait nom EMMANUEL. Ce texte avait profondément touché Jacqueline qui s'empressa de communiquer avec *La Presse*, afin de connaître les responsables de l'organisme. Ultérieurement, ceux-ci invitèrent le couple à une réunion à Montréal, en compagnie de plusieurs autres familles ayant vécu un cheminement semblable. Parmi ces familles, certaines avaient déjà adopté un ou plusieurs enfants handicapés. Jacqueline fit par la suite partie du conseil d'administration d'EMMANUEL et, depuis quelque temps, elle en est la vice-présidente. Elle s'y occupe de dossiers locaux et de l'adoption internationale. Le mouvement parraine régulièrement des adoptions en cours, puisque le réseau EMMANUEL s'étend partout au Québec et maintenant au reste du Canada. Voici quelques notes sur la vocation d'EMMANUEL, extraites d'un dépliant publié en janvier 1992.

Nous croyons comme parents adoptifs que, comme tout autre enfant, l'enfant handicapé a d'abord droit à une famille. En ce sens l'intégration familiale est la première souhaitable. Le mouvement EMMANUEL apporte une réponse concrète à l'injustice vécue par l'enfant abandonné à cause de sa déficience; il lui offre une famille avec un cœur aimant qui l'enfantera à nouveau, et des bras pour l'aider à grandir. Il faut sensibiliser les professionnels à la réalité de l'enfant en situation d'abandon à cause de sa déficience, et favoriser par la suite l'adoption de cet enfant.

Loin d'être parfaites, les familles EMMANUEL, chrétiennes pour la plupart, essaient d'être logiques jusqu'au bout de leur foi, face aux exigences de l'Amour et de l'Évangile. Les familles EMMANUEL font appel à leurs milieux respectifs, rendant un témoignage d'engagement, de fidélité et de don. Quand une famille a posé le premier geste conscient d'accueillir un enfant handicapé, elle pose également un autre geste dont elle ignore parfois la portée: créer un réseau de solidarité pour une plus grande justice sociale. L'adoption d'un enfant ne demeure jamais une action isolée, mais crée un tissu social plus humain et capable d'accueillir et de faire grandir la Vie.

Le contact de Jacqueline et de Jean-Guy avec EMMANUEL fut à l'origine de la venue de Fanny dans leur famille. Fanny était trisomique. Ses parents biologiques bénéficiaient d'un délai de deux semaines, à sa sortie de l'hôpital, pour prendre la décision de la garder ou de la céder en adoption. Finalement, ils optèrent pour l'adoption et Fanny demeura avec Jacqueline et Jean-Guy.

Après l'adoption de Fanny, l'organisme leur demanda d'accueillir deux jeunes réfugiées vietnamiennes. À cela aussi, ils dirent «oui».

Ils agrandirent la maison, rien de moins! On ajouta deux chambres à coucher à l'étage, un grand salon au rez-de-chaussée et une salle de jeu au soussol. Jacqueline et Jean-Guy en profitèrent pour aménager également un petit oratoire, en guise de lieu de prière.

Sarah et Lisa arrivèrent à la fin de novembre 1989. Elles étaient adolescentes et s'intégrèrent sans trop de mal à leur nouvelle vie. Venant de la campagne, elles avaient peu fréquenté l'école. Leur enfance avait été très différente de celle de Marie. Lisa et Sarah connaissaient à peine le calcul élémentaire et avaient beaucoup de rattrapage à faire. Mais elles n'y parvinrent pas. Cependant, sur recommandation de l'école, leurs nouveaux parents les inscrivirent à un programme d'intégration au travail. Sarah y apprit la couture et elle travaille à présent en atelier. Lisa, tout en ayant plus de facilité pour étudier, ne se plaisait tout de même pas à l'école. Elle habite maintenant avec son ami et elle fait son secondaire III en cours pour adulte. «Bien sûr, dit Jacqueline, nous aurions souhaité qu'elle demeure encore avec nous, mais elle est majeure et nous avons respecté sa décision.»

En 1991, surgit une autre situation de détresse. Une future maman, malheureuse de sa grossesse, et qui «subissait» donc son état fit appel à l'association EMMANUEL, laquelle communiqua avec Jacqueline et Jean-Guy. Ceux-ci reçurent chez eux, pour quelque temps, cette jeune future maman. Avec sa générosité coutumière, Jacqueline la «marraina» jusqu'après l'accouchement. Mais la jeune femme, devenue une sœur pour elle, décida de lui laisser le bébé et retourna vivre chez elle. Michel a maintenant deux ans; depuis lors ils vivent tous ensemble l'amour et le respect d'une adoption ouverte.

L'âme de Joseph

Joseph est né au Salvador le 28 août 1985 et il arriva chez Jacqueline et Jean-Guy le 29 octobre 1992. Auparavant, il avait été adopté par des gens de la Colombie-Britannique, puis abandonné. Sa vie semblait avoir été difficile, peut-être marquée par la violence. Il ne parlait pas français mais il s'exprimait bien en anglais. À lui seul, il constitue un défi que Jacqueline et Jean-Guy se font forts de relever.

«Cet enfant a été blessé dans son âme, nous dit son aimante nouvelle maman. Le soir, je le berce et je lui dis: Joseph, je t'aime Joseph. Tu es beau, tu as de beaux yeux, j'aime tes yeux. Ton nez est beau, tes oreilles sont belles... J'essaie de lui dire combien il est beau. Et Joseph se bouche les oreilles. Il ne veut pas entendre. Les premières fois qu'il me faisait cela, je le trouvais bizarre. Cet enfant n'est pas capable de s'entendre dire qu'il est aimé.» Au début, son comportement était très agressif mais petit à petit, il s'est amélioré, il s'est laissé apprivoiser avec l'aide de son entourage et de professionnels.

Les secrets de Rachel et de Carmen

Quant aux belles adolescentes, Rachel et Carmen, elles paraissent bien intégrées à leur milieu. Demandons-leur, tout de même, comment, après avoir dû triompher de tant d'épreuves dès leur prime jeunesse, elles en sont arrivées à aimer leur nouvelle vie.

Les deux soulignent au passage que, évidemment, «une grande famille, ça fait beaucoup de monde». Se trouvant au cœur d'une incessante activité, elles se sentent assez souvent bousculées. «Mais à d'autres moments, c'est bien agréable!» s'exclament-elles.

«On est amenées toutes les deux à faire des concessions, parce que, précise Rachel avec candeur, nous sommes plusieurs dans notre famille. On n'a pas le choix, car on forme une grande et vraie famille. Il faut avouer que ce n'est pas facile d'avoir vécu à cinq enfants pendant plusieurs années et de se retrouver, d'un seul coup, avec six autres! Chez nous, il y a trois tranches d'âge: les adultes, les adolescentes et les plus jeunes. Il est bien normal de se sentir plus proches de ceux avec lesquels vous grandissez. Pour nous, c'était Stéphane, Patrick et Marie. Les autres, bien sûr, font aussi partie de la famille et nous nous en occupons. Et les plus jeunes mettent de l'action dans la maison. Ils sont assez bruyants, par moments!»

Carmen apprécie le calme qu'elle retrouve chez ses amis. Elle se sent alors baigner dans une tout autre atmosphère. Pourtant, elle demeure consciente que sa «grande famille» lui apprend le sens du partage et, finalement, l'amour. Ainsi, dit-elle, elle s'entraîne à devenir «leader» et à prendre ses responsabilités. Toutefois, parallèlement à ces avantages, s'imposent des aspects moins intéressants! «Cette semaine, Fanny avait fait une petite invasion dans ma chambre, avant que j'y arrive. D'habitude, elle ne fait pas ça, mais cette fois, elle avait ouvert un tiroir et répandu tout mon linge. J'avais aussi quelques petits bijoux ici et là, que j'essaie de ne pas laisser à la portée des jeunes, mais tout était à l'envers. Ça, ça frustre beaucoup! On se dit: S'il n'y avait pas ces jeunes, ça n'arriverait pas... Mais il faut bien admettre que notre vie familiale a aussi ses bons côtés».

En complice avertie, Rachel aquiesce sans se faire prier aux propos de sa sœur. Elle ajoute qu'à leur école, à peu près tout le monde connaît l'histoire de la famille Miron. Si les deux filles ne passent pas inaperçues, ce n'est pas tellement à cause de leur origine, mais du fait que leur famille est souvent citée, d'une manière ou d'une autre. Rachel mentionne, à titre d'exemple, que si le professeur du cours de morale aborde le thème de la famille, il fera allusion à la leur. Elle se rend compte par ailleurs que de plus en plus de jeunes ont été, comme elle-même et sa sœur, adoptés.

Aux yeux de Carmen, la réalité se présente différemment. Seuls ses amis et connaissances personnelles semblent au courant de ce qu'elle nomme les «particularités» de sa famille. Bien qu'elle découvre, elle aussi, dans son entourage, des personnes adoptées et, parfois, parmi ses amis.

Et le Bengladesh, les filles?

Les deux aimeraient aller faire un séjour dans leur pays natal, essayer d'y recueillir des renseignements sur leur famille d'origine. «Revoir l'orphelinat, dit Carmen, où j'ai vécu de ma naissance à l'âge de trois ans. J'aimerais revoir la dame qui s'occupait de moi et la faire parler de mon enfance.»

«Ce qui nous manque un peu, dit Rachel, ce sont les voyages et les sorties. Avec une famille comme la nôtre, c'est presque impossible d'en faire. Et, bien sûr, on n'est pas tous invités ailleurs, fréquemment! Mais, dit-elle, j'accepte cela même si parfois, j'en éprouve des regrets.»

Porte-parole de la famille Miron, les deux ne nous semblent-elles pas, somme toute, philosophes et heureuses?

Une famille comme les autres

Bien entendu, nous avons nous aussi nos petites chicanes. Mais autrement, nous sommes confrontés aux mêmes défis que ceux auxquels tous les parents doivent faire face: rendre nos enfants autonomes, leur procurer les outils nécessaires pour grandir et bâtir leur avenir.»

Jean-Guy ajoute que les voisins aiment les enfants et leur montrent qu'ils les apprécient en étant disponibles à leur égard. La famille Miron n'a jamais souffert d'attitudes racistes, ni de la part des gens du quartier, ni à l'école où elle reste évidemment un bel exemple de pluriethnicité.

«Par contre, notre Joseph représente un vrai défi. Je dis parfois aux plus grands qu'il nous faudra l'aider à "se bâtir", et qu'ils doivent envisager de vivre cette expérience comme un défi.» Et Jean-Guy de raconter que Joseph, à son arrivée dans la famille, était agressif, mais que tous l'ont accepté tel qu'il était à ce moment-là. «Parfois, quand il se met à "bûcher" sur les plus jeunes, ça bouillonne quelque peu en-dedans.» On doit l'apprivoiser, dit-il aux aînés, *parce qu'il ne demande qu'à d'être apprivoisé.*

«Nos choix en tant que couple sont en lien direct avec notre foi.» Il semble à Jacqueline et à Jean-Guy, personnes extraordinairement généreuses aux yeux des autres, que seule leur foi vivante ait été à l'origine de l'appel qui les a incités à l'édification d'une telle famille. Ils disent avoir tellement reçu, avoir été tellement choyés de Dieu, qu'il leur a fallu absolument partager ces dons avec des êtres humains démunis ou malheureux. Déjà, au début de leur mariage, ils étaient conscients de ce grand désir de partage qui montait en eux. «Mais, précisent-ils, nous savons qu'il y a autour de nous un réseau d'amis, de parents, les gens d'EMMANUEL, et aussi d'autres personnes qui nous soutiennent de leurs prières. Cela nous est essentiel et fort agréable.»

Certains faits ou paroles de l'Évangile les ont particulièrement influencés. Jacqueline raconte l'épisode où les disciples s'apprêtent à laisser Jésus. Celui-ci rappelle aux autres qu'ils sont également libres de partir, s'ils le veulent. Et eux de répondre: «À qui irions-nous, Seigneur?» Et encore, cette parole: «Ce n'est pas vous qui m'avez choisi, mais c'est moi qui vous ai choisis pour que vous portiez du fruit en abondance.»

«On ne veut pas se placer au-dessus des autres par ce choix, explique simplement le couple. D'ailleurs, le Seigneur nous choisit pour que nous soyons des serviteurs. Dans l'Évangile, il est également rapporté que le serviteur n'a fait que le travail qu'il devait faire et qu'il n'y a pas de gloire à tirer de cela.» Le couple conclut en disant qu'il remplit la mission qu'il lui a été demandé d'accomplir.

«Au temps du Carême, dit Jean-Guy, revient à plusieurs reprises un texte biblique qui parle de la pierre rejetée par les bâtisseurs et qui devient pourtant la "pierre d'angle". Dans l'édification de notre famille, les pierres ce sont nos enfants, des personnes dotées d'un cœur, d'un cerveau et qui, parfois, ont été rejetées jusqu'à deux ou trois fois. Nous avons accueilli ces enfants. Ils peuvent, si nous, leurs parents, sommes fidèles à ce que le Seigneur nous demande, devenir pierres d'angle.»

Voici donc, résumée en quelques pages, une histoire d'amour peu banale. Ceux qui nous l'ont racontée en ont tissé patiemment la trame, solide, sur laquelle vous avez vu se projeter tour à tour les événements marquants de la vie de chacun des membres de cette famille.

En toile de fond, une réponse d'amour, inconditionnelle, pour chaque enfant que ces parents généreux recevaient comme un cadeau de la vie. Et le courage qui habitait ces enfants malmenés par un premier destin, mais à qui une puissance protectrice donnait une nouvelle chance de s'épanouir, d'être simplement heureux, de vivre...

DU SALVADOR À MONTRÉAL

Estela et Sergio Guevara

Quitter en catastrophe le pays natal que l'on aime cause une blessure profonde; mais devoir y abandonner ses trois enfants de deux, quatre et sept ans est presque aussi terrifiant que de les voir mourir. Estela et Sergio ont connu cet enfer et il s'est écoulé plus de trois ans avant qu'ils ne revoient leurs petits.

Nés tous les deux à San Miguel, troisième ville en importance du Salvador, ils y ont vécu leur jeunesse, complété leurs études et travaillé. Lorsqu'ils se sont mariés encore tout jeunes, leur pays était déjà en proie à une guerre qui fit plus de 75 000 morts en 12 ans.

Estela, la troisième d'une famille de cinq enfants, a travaillé comme infirmière auxiliaire pendant 10 ans, jusqu'à sa fuite du pays. Sergio, issu d'une famille très pauvre, a dû, dès l'âge de 12 ans, travailler à la campagne pendant l'été comme peseur de coton ou de café. Il réussit cependant à compléter son secondaire par l'obtention d'un certificat en électricité. Après un bref travail comme

97

électricien, il devient contrôleur de la qualité dans une fabrique de sacs de jute. Puis il entre au ministère de la Santé en qualité d'inspecteur sanitaire, où il travaillera environ six ans, jusqu'au moment de quitter son pays.

L'expérience de travail de Sergio en milieu rural lui ouvre rapidement les yeux sur la misère des paysans et les injustices qui ont cours au Salvador, alors empêtré dans une situation économique et politique très complexe. La lutte entre la guérilla et les forces gouvernementales s'intensifiait de jour en jour. «La situation était telle, dit Sergio, que nous étions presque toujours en danger de mort. Quand on quittait la maison, on ne savait jamais si on pourrait y revenir vivant.»

En accomplissant son travail d'inspecteur sanitaire, Sergio devient suspect aux yeux du gouvernement. Pour rendre service aux cliniques médicales de plusieurs petites localités, il leur procure des médicaments et du matériel sanitaire. Ses aller-retour incessants dans ces petites villes attirent sur lui les soupçons des autorités. «J'organisais des réunions pour promouvoir la prévention des maladies et les précautions sanitaires élémentaires à observer. Certaines personnes identifiaient ce type de réunions comme étant des activités de guerilleros.» C'est ainsi, tout bêtement, que Sergio fut soupçonné de travailler contre le gouvernement qui l'employait. «Alors un jour, Estela et moi avons décidé qu'il me fallait sortir du Salvador. C'était en septembre 1984.»

En avril 1985, Estela confie les enfants à sa mère et rejoint Sergio aux États-Unis; ils s'y retrouvent comme immigrants illégaux, ayant franchi la frontière Mexique-États-Unis avec l'aide des «coyotes», surnom des collaborateurs clandestins.

Le Canada, c'est le paradis

Aux États-Unis, le couple Guevara apprend que le ministère canadien de l'Immigration a mis sur pied un programme spécial d'accueil pour Salvadoriens et Guatémaltèques. Les gens avec qui les Guevara avaient pris contact leur avaient dit de ne rien apporter «parce qu'ici, au Canada, le gouvernement les recevrait avec de l'argent, de la nourriture, des vêtements et un logement; le paradis, en somme!» «Ils avaient même assuré, continue Sergio, que le Canada nous permettrait de faire venir nos enfants et qu'il ne fallait donc pas hésiter à y venir.» Au moment où Estela et Sergio étaient immigrants illégaux aux États-Unis, une nouvelle loi venait tout juste d'entrer en vigueur les empêchant d'y travailler. Ils avaient donc songé à filer vers la lointaine Australie, ne voulant à aucun prix retourner au Salvador dans les conditions qui y prévalaient. Sur la foi des commentaires relatifs au Canada, ils prirent la décision de s'y rendre.

Donc, en route vers Montréal! Plus ils s'en rapprochent, plus les accumulations de neige prennent l'allure de petites montagnes... jusqu'à mi-hauteur des maisons en certains endroits! Estela se dit alors: «Mais qu'est-ce que je m'en vais faire dans ce pays?» Ni elle ni son mari n'arrivaient à s'imaginer ce que pouvait être un Canadien ou un Québécois. Au Salvador, lorsqu'il était question de l'Amérique du Nord, on pensait aux États-Unis. Le

Canada restait pour eux une réalité abstraite. À tel point qu'en approchant du Québec, elle se dit qu'elle y verrait peut-être des gens vivant dans des igloos et se déplaçant en traîneaux!

Heureusement, Estela et Sergio avaient communiqué avec un Montréalais, originaire comme eux de San Miguel. Celui-ci leur avait conseillé de se procurer des vêtements chauds et de ne pas apporter trop de bagages. «Nous sommes donc arrivés ici et je crois, dit Sergio, que c'est Dieu qui nous y a conduits. À la frontière on nous avait parlé de Québec, de Toronto et d'autres villes. Nous avons choisi Montréal.»

En cours de route, toujours fascinée par l'abondance de la neige, Estela se répétait: «Non, je ne pourrai jamais vivre ici.» Mais elle pensait également au programme d'accueil tant vanté. Elle se disait que ça valait la peine de faire un essai, parce qu'ils pourraient bientôt faire venir leurs enfants. «Peu à peu, je me suis habituée. Le printemps venu, les rues étaient nettoyées. J'en suis venue à accepter la ville et à garder espoir.»

La nuit de leur entrée au Canada, Sergio et Estela rencontrent des Salvadoriens déjà naturalisés canadiens. Ces derniers avaient voulu entrer aux États-Unis à titre de visiteurs, mais ils avaient été refoulés. Vu la situation, ils partageaient leur nourriture avec les immigrants qui attendaient pour remplir les formalités d'usage.

Entre-temps, Sergio demande à un homme, venu de Los Angeles avec sa famille, pourquoi il avait chargé sa voiture d'autant de bagages. L'homme lui dit qu'on lui avait recommandé d'apporter tout ce qu'il pouvait. «On m'avait dit exactement le contraire», note Sergio. Pour le moment les Guevara se sentent réconfortés par l'accueil des agents de l'Immigration et des interprètes. Les formalités accomplies, on leur dit de se présenter au bureau de Montréal dont on leur donne l'adresse.

«Nous attendions le départ de l'autobus, reprend Estela; il était près de 2 h du matin. Nous ne connaissions ni la ville, ni personne à Montréal, sauf la famille salvadorienne que nous avions déjà contactée. Mais il n'était pas question de téléphoner à ces gens en arrivant à Montréal à pareille heure.» Désemparés, ils pensent attendre l'heure d'ouverture des bureaux dans un parc ou dans un restaurant. Mais le couple qui avait été refoulé à la frontière entend leur conversation. L'homme les invite à passer la nuit chez lui et les conduit à l'Immigration le lendemain. Ce bon samaritain, ouvrier de la construction, leur consacrera par la suite de nombreuses heures de son temps: visites de la ville, initiation aux choses usuelles. «Nous nous sommes alors sentis privilégiés, dit Estela, car nous avions rencontré au bureau de l'Immigration des personnes qui devaient se débrouiller toutes seules.»

À Immigration Canada, les Guevara constatèrent à quel point était longue la file des ressortissants latino-américains: ils entendaient autant d'espagnol que s'ils avaient été à San Miguel! Entrevue avec un fonctionnaire d'origine chilienne. Autant ils avaient reçu bon accueil à leur entrée au pays, autant ils se sentirent ici traités en «moins que rien». «Il nous a traités comme des sauvages, comme on dit parfois ici, ajoute Sergio. Nous nous sommes sentis rabaissés parce que nous ne parlions pas français et l'homme s'en étonnait, alors que nous étions arrivés la nuit même. Ça nous a découragés, mais notre ami nous a expliqué que cette attitude était courante de la part de certains fonctionnaires.»

Immigration Canada les loge quelque temps dans une maison d'accueil du quartier grec de Parc-Extension. Au bout d'un mois ils reçoivent un premier chèque du Bien-être social et on les avise qu'ils doivent se trouver un appartement. Estela et Sergio ne savent pas le français et à peine quelques mots d'anglais, d'où difficulté à se faire comprendre des propriétaires. Ils essaient d'utiliser leur peu d'anglais, mais personne ne veut parler en anglais et si on leur répond en français, ils n'y comprennent rien. Heureusement, avec l'aide du couple rencontré à la frontière, ils réussissent à louer un appartement près du boulevard Henri-Bourassa.

À titre de revendicateurs du statut de réfugiés, ils ne pouvaient suivre les cours de français du Centre d'orientation et de formation des immigrants (COFI). Ils découvrirent cependant la Mission espagnole Sainte-Thérèse d'Avila où ils purent s'inscrire à un cours d'une durée de quatre-vingts heures. C'est là qu'ils apprirent peu à peu à dire leurs premiers mots en français. Travaillant à l'usine durant la journée, ils allaient à l'école le soir.

«En arrivant ici, se souvient Estela, je me disais que je n'arriverais jamais à comprendre cette langue, encore moins à la parler. Elle me paraissait très difficile. Mais à mesure que les cours avançaient, je

me suis rendu compte que ce n'était pas aussi difficile que je l'avais cru. Nous sommes parvenus à
nous débrouiller assez bien.»

À cause d'une grève du transport en commun
qui sévit à Montréal à l'époque, Sergio et Estela
doivent marcher une heure, parfois deux, pour assister aux cours. Ces premiers mois de leur vie à
Montréal leur ont laissé le souvenir d'une expérience très difficile. Ils ajoutent qu'il valait la peine
de vaincre ces difficultés et ils reconnaissent avoir
beaucoup appris à la Mission espagnole. Plus tard,
d'autres cours sont venus perfectionner leur connaissance de la langue qu'ils maîtrisent maintenant
de façon satisfaisante.

Vint le jour où les Guevara s'adressèrent à l'Immigration afin d'entreprendre les démarches pour
faire venir leurs enfants. Ce fut l'occasion d'un premier choc. «On nous a dit que nous n'avions pas le
droit de les faire venir. Alors, bouleversée, j'ai pensé
profondément aux enfants et j'ai songé à retourner
dans mon pays. Mais nous n'avions plus d'argent et
j'ai dû attendre. Six mois après notre arrivée, quand
j'ai senti que je pouvais me débrouiller mieux en
français, j'ai décidé de me chercher du travail. J'ai
débuté comme aide générale dans une manufac-
ture, au salaire minimum.» Dans cette usine, Estela
rencontre des gens qui tentent, sans succès depuis
trois ans, de faire venir leurs enfants. Le découragement la saisit. Mais en même temps le désir d'amé-
liorer sa condition lui fait retrouver le courage de
continuer à travailler et de chercher un travail
mieux rémunéré. Elle y réussit.

Sergio, pas plus qu'Estela, ne réussit à travailler dans son métier. Ayant essayé de trouver un emploi d'électricien, il s'est vu entraîné dans un remous bureaucratique complexe. Plutôt découragé, il réussit enfin à se placer en usine. Depuis, il a toujours gardé le même emploi.

Le temps semble venu d'un retour en arrière: Joan, Beatriz et Jimmy nous y attendent...

Les défis de l'espérance

Estela et Sergio étaient au Canada depuis environ un an et demi lorsqu'ils décidèrent de reprendre les démarches en vue de faire venir leurs enfants à Montréal. À l'Immigration, où ils ont essuyé un premier refus, ils demandent que les noms des enfants soient inscrits à leur dossier. Là encore, nouveau refus. Les Guevara sont démoralisés: «On traitait nos enfants comme des êtres tout à fait étrangers à nous. Après tout, nous étions une même famille. Ce refus inexplicable nous a assommés.»

Plus que jamais déterminés à revoir leurs enfants, ils rendent visite à des amis salvadoriens, à Québec, en décembre 1987. Un soir, ils assistent à une rencontre amicale entre membres du Mouvement des travailleurs chrétiens (MTC). Ils y rencontrent Jean Picher et Nicole Brunet, deux responsables du mouvement. «Nicole a été formidable, raconte Estela. Elle nous a informés qu'elle viendrait bientôt travailler à Montréal et que nous pourrions communiquer avec elle à ce moment-là. L'automne suivant, à Montréal, je suis entrée en contact avec elle.»

Les Guevara exposent leur situation à Jean et à Nicole qui se montrent très intéressés. «Si nous essayions de faire quelque chose pour vous à l'Immigration, leur proposent-ils, peut-être que cela marcherait?» Sergio et Estela décident donc d'écrire à la ministre Barbara McDougall dans l'espoir d'obtenir plus de flexibilité dans l'étude de leur demande. «Nous demandions pour les enfants le titre de revendicateur du statut de réfugié, comme c'était le cas pour nous», explique Sergio. En plus, ils reçoivent des lettres d'appui d'une quarantaine de groupes populaires, de différents mouvements et de communautés religieuses. Ils font parvenir ces documents à l'Immigration dont ils ne reçoivent qu'un accusé de réception.

«Au bout de trois mois, j'ai dit à Sergio: il me semble qu'à l'Immigration ils ne font rien. Je vais y aller pour voir où en est l'étude du dossier. J'y suis allée et je me suis expliquée avec un des agents sur les démarches entreprises. Je lui ai montré les réponses de madame McDougall et de l'ambassadeur. Il m'a dit de retourner chez moi, d'attendre et de ne rien faire, que ce n'était pas à ces personnes que je devais m'adresser.»

Estela se fâche. Avec l'énergie du désespoir, elle pousse l'agent au pied du mur: «N'est-ce pas ici le bureau d'Immigration Canada? — Oui. — Alors, si ce n'est pas à Immigration Canada que je dois m'adresser, dites-moi où aller et j'irai!» L'agent lui demande d'attendre et revient avec son dossier. «Il m'a lu une lettre émanant du bureau de la ministre; on y disait que personne ne devait faire quoi que ce soit en notre faveur, de laisser les démarches suivre leur cours. J'étais abattue.» Pauvre Estela! Le dossier était à l'étude, mais elle avait l'impression que les lettres d'appui avaient empiré les choses, vu la réaction de la ministre.

C'est à ce moment que les Guevara décident d'essayer de faire entrer les enfants au Canada à partir du Mexique. Un mois après l'entrevue, Sergio se rendait au Mexique.

Par l'intermédiaire d'un ami salvadorien qui avait vécu quelques mois chez les Sœurs Auxiliaires du Mexique, les Guevara avaient fait la connaissance de sœur Clothilde Lemay à qui ils expliquèrent leur cas. Après avoir tenté maintes démarches, la religieuse s'adressa aux Auxiliaires du Mexique. Sergio et Estela eurent enfin la certitude que de ce côté-là les démarches en leur faveur avaient une chance de réussir.

Sœur Clothilde avait téléphoné aux religieuses de Pernambuco qui lui promirent de s'occuper des enfants lorsqu'ils arriveraient au Mexique. Elles étaient prêtes, en plus, à parrainer Sergio dans ses démarches à Immigration Canada ou à la Maison du Québec.

Monsieur Guevara était parti pour Mexico le 20 novembre 1988 muni du seul permis du ministère alors en sa possession. Il n'avait appris que peu auparavant les droits que conférait ce permis: il s'agissait là d'une forme de visa. On était en novembre 88 et une nouvelle loi devait entrer en vigueur le 1er janvier 1989. Ce visa ne serait plus valable, pour une sortie du pays, que pour une durée de sept ou huit jours. Il fallait donc agir rapidement.

«Moi qui ai peur des avions, raconte Sergio, je me sentais cette fois plus à l'aise parce que j'étais très motivé par l'idée de retrouver les enfants. Par contre, le fait de laisser Estela derrière moi m'a été pénible. Mais j'ai beaucoup prié et cela m'a aidé. Je me suis à peine rendu compte du trajet. Je ne savais pas qui je rencontrerais. À l'aéroport, une dame a levé un carton sur lequel mon nom était inscrit. Je me suis présenté en souriant et elle était toute contente comme si elle me connaissait depuis longtemps. Elle m'a embrassé et m'a dit: «Ah, c'est toi Sergio! Comment vas-tu? Bienvenu au Mexique!»

À la maison des sœurs, on offrit à Sergio non seulement le gîte et le couvert, mais l'amitié et toute la compréhension dont il avait besoin. Le lendemain de son arrivée, il déjeuna en compagnie des sœurs et participa même de bon cœur aux corvées de cuisine et de vaisselle!

Puis il rencontra la supérieure à qui, une fois de plus, il raconta son histoire. Il consentit à ce qu'elle le mît en contact avec un organisme qui s'occupait des gens pauvres et des immigrants. «Car, se disait-il, j'obtiendrai à cet endroit tous les renseignements utiles pour les enfants et moi.» Entre-temps, au Salvador, on avait procuré aux enfants un visa pour le Mexique ainsi qu'une autorisation à son frère pour qu'il fît sortir les enfants. Sergio se rendit à l'aéroport, à la rencontre des siens. Les enfants avaient bien changé en quatre ans, surtout les deux cadets. Mais ils étaient tous si heureux de se retrouver qu'ils s'embrassèrent dans les rires et les larmes.

Les angoisses d'un père

«La dernière étape fut un calvaire pour moi.» Il s'agissait de faire entrer les enfants aux États-Unis et au Canada. Un autre de ses amis, Salvadorien de Montréal, qui avait eu affaire avec les agents de l'Immigration canadienne au Mexique, lui avait remis une lettre de recommandation pour une agente d'immigration de ses connaissances. Celle-ci le reçut et le fit attendre deux heures; elle lui fit transmettre un message à l'effet qu'elle ne pouvait rien faire pour lui et qu'il n'avait qu'à «retourner avec ses enfants au Salvador ou repartir seul pour le Canada». En plus de cette nouvelle déception, Sergio se sentit méprisé par cette femme qui ne s'était même pas souciée de lui donner sa réponse en personne.

Il se rendit à la Délégation du Québec dans l'espoir qu'on y ferait quelque chose en sa faveur. Mais ce fut encore pire. Les gens, semble-t-il, ne pouvaient rien pour lui, si le Canada ne lui donnait pas d'autorisation. «Après ça, j'ai décidé d'aller demander un visa américain pour entrer légalement aux États-Unis et, de là, illégalement au Canada.» Il attendit une journée entière pour se faire dire que, vu son statut de réfugié, il devait retourner au Canada et demander un visa d'entrée pour les États-Unis. Ainsi, tout était bloqué.

«J'ai alors téléphoné à Estela pour lui expliquer la situation et comment il était impossible de songer à faire entrer les enfants légalement aux États-Unis. Nous tenions pourtant à le faire parce que mon expérience d'entrée illégale avait été très pénible, même si je n'étais pas allé jusqu'à frôler la mort comme certains. Nous ne voulions pas faire subir cela aux enfants.» (Sergio avait passé deux jours dans les champs sans aucune nourriture et sans eau.) «J'ai donc dit: Estela, je pense qu'il va falloir que les enfants retournent au Salvador. Il ne faut rien faire d'illégal.» Elle lui répondit: «Sergio, tu amènes les enfants et je reste ici. Autrement, je retourne au Salvador.»

Pour lui, il est hors de question de retourner au Salvador. Il se demande comment faire entrer clandestinement les enfants aux États-Unis de la façon la plus sécuritaire possible. Certains «coyotes» exigent beaucoup d'argent, mais ne lui inspirent pas confiance. Par contre, sa sœur qui habite New York lui dit qu'elle croit connaître un bon contact qui lui ferait traverser la frontière sans danger.

Toutefois, ces démarches imprévues coûtent cher et Sergio se trouve bientôt démuni. C'est une chose que le prix normal d'un retour par avion, mais le fait de passer la frontière dans l'illégalité augmente les coûts en proportion des risques.

La solidarité se manifesta de nouveau par l'intermédiaire, à Montréal, des membres du MTC. Grâce à leur générosité, Sergio reçut les fonds nécessaires. «Quand l'argent m'est parvenu, j'ai fait le contact avec ceux qui devaient nous faire traverser. Nous avons pris l'avion vers Tijuana. Il faut bien comprendre que tout Latino-Américain qui voyage vers la frontière est soupçonné a priori de vouloir la traverser illégalement. Les fonctionnaires des aéroports mexicains ont la réputation d'en profiter pour enlever aux gens tout l'argent qu'ils ont, afin de les empêcher de se payer la traversée illégale de la frontière. Ayant été bien prévenu à ce sujet, j'avais fait changer presque tout mon argent en chèques de voyage et je l'avais bien dissimulé. Pendant le voyage, j'ai prié Dieu avec les enfants pour qu'il nous protège et c'est ce qui est arrivé.»

À l'aéroport de Tijuana où arrive Sergio, deux files de policiers attendent les voyageurs. Tous ceux qu'ils interpellent sont, comme par hasard, originaires d'Amérique centrale. «Alors j'ai dit: O.K., Seigneur. Si tu dois faire quelque chose pour nous, fais-le maintenant.» Lorsque Sergio arrive au contrôle, le policier le regarde. Il s'arrête. L'homme lui dit de filer, «comme s'il ne voulait rien savoir de nous. Alors j'ai remercié le Seigneur.»

Avec les enfants il s'installe dans un petit hôtel au tarif élevé qu'on lui avait recommandé pour éviter les soupçons. De là il prend contact avec un «coyote fiable».

Comme prévu, la traversée fut facile. Sergio, Jimmy et Béatriz s'installèrent — si on peut dire! — dans le coffre de la voiture tandis que Joan s'asseyait à côté du conducteur. Le trajet ne prit qu'une vingtaine de minutes. Par la suite, le chauffeur leur raconta qu'une moto de la police de l'Immigration américaine s'était tenue à leur côtés le trajet durant. La voiture étant d'apparence banale, ils ne furent pas inquiétés.

Les voyageurs arrivent ainsi à une maison d'assez sinistre apparence, sans eau courante ni installations sanitaires. Ils doivent en principe y rester vingt-quatre heures. On les avise que les contrôles aux aéroports sont stricts en cette période; il serait plus prudent pour eux d'attendre un peu. Sergio retarde donc de quelques jours le voyage de San Diego à Los Angeles. Ils y parviennent enfin sans encombre. À Los Angeles ils prennent l'avion pour

New York où ils sont accueillis par la sœur de Sergio. Puis, la petite famille prend l'autobus. Direction: Montréal!

Les Guevara étaient arrivés à Montréal le 18 décembre 1986; les enfants y débarquèrent le 15 décembre 1988. C'est ainsi que la famille fut de nouveau réunie.

Une joie tempérée par les difficultés

«Quand les enfants sont arrivés, ça a été dur aussi.» Estela ne reconnut pas ses enfants à la sortie de l'autobus et ils ne la reconnurent pas non plus. Comme ils étaient trois et qu'ils avaient l'air de Latinos-Américains, elle se rendit compte que c'était bien eux. Entre la séparation et les retrouvailles, ils avaient changé en tous points. L'adaptation fut donc difficile pour tout le monde. Pour la mère, on aurait dit qu'il ne s'agissait plus des mêmes enfants et pour eux, elle était devenue une étrangère. De plus, les enfants pensaient trouver en Amérique du Nord ce qu'ils en connaissaient par les images de la publicité: confort matériel, biens de consommation, richesses extérieures, etc. Leurs parents ne pouvaient rien leur offrir de tout cela. Ils avaient englouti toutes leurs économies dans la récente équipée pour le seul but de réunir la famille. «Ils étaient là! racontent les parents. Des jeunes de six, huit et 11 ans, et nous n'avions plus rien pour les recevoir, même pas des jouets. Nous sommes allés dans un vestiaire tenu par des religieuses, nous y avons trouvé des vêtements pour eux et quelques jouets.»

De leur côté, les enfants durent affronter le problème de la langue. À l'école, ils firent face à leur nouvel environnement. Les professeurs disaient aux parents que Jimmy était introverti. Un jour, Jimmy s'en expliqua à ses parents: «Je ne comprends pas du tout leur langue, je ne peux donc pas m'exprimer. Parfois j'aimerais demander des explications, mais je ne peux pas parler en français.» Pendant quelque temps, une religieuse donna des cours complémentaires de français au garçon, après les classes. Grâce à son aide, Jimmy apprit à prononcer ses «u» correctement. «Elle m'a beaucoup aidé à bien apprendre», dit-il.

Malgré ces soucis, tous étaient heureux d'être réunis. Sergio constate que l'adaptation fut quand même plus aisée pour les enfants, du fait qu'Estela et lui-même étaient à Montréal depuis deux ans. «Quand les enfants arrivent en même temps que les parents, ce doit être bien plus difficile. Lorsque les enfants sont entrés à l'école, nous avions tout de même assez de connaissance du français pour les aider un peu. Les enfants ont dû s'adapter à une réalité autre ainsi qu'à des méthodes d'enseignement très différentes de celles qu'ils avaient connues au Salvador. Mais maintenant, ils ressemblent beaucoup aux enfants du Québec.»

Le rêve américain que les enfants ont longtemps entretenu s'est évanoui. À leur premier Noël à Montréal, ils reçurent de leurs parents de modestes cadeaux. «Je me souviens, dit Estela, que Jimmy et Joan ont dit qu'au Salvador, ils avaient de plus beaux jouets. C'était vrai, parce que pour compenser notre absence, nous leur envoyions de très beaux cadeaux. Ils croyaient donc avoir de plus beaux cadeaux ici que là-bas. Il a fallu leur expliquer que ce n'était pas manque d'amour de notre part, mais manque de moyens.» Aujourd'hui les enfants Guevara, conscients de la situation financière de la famille, n'ont plus d'attentes irréalistes face à leurs parents.

Vivre en Québécois

En juillet 1991, la famille Guevara a acheté une maison à Laval. Les enfants fréquentent maintenant l'école régulière où ils réussissent très bien et ils sont encore capables de parler, de lire et d'écrire en espagnol.

Jimmy commente son passage des classes d'accueil aux classes régulières: «Le passage a été difficile. Dans la classe d'accueil il y avait plein d'immigrants latinos, alors qu'ici nous sommes les seuls. Je n'ai plus le soutien de personnes qui vivent la même réalité que moi. À l'école de Beatriz et de Joan on rencontre quelques Latinos-Américains. On n'a pas beaucoup d'amis dans le quartier parce que, dans les familles du voisinage, les enfants sont, en moyenne, plus âgés que nous. L'éloignement pose un autre problème: en ville, le fait d'aller à l'école et d'en revenir à pied avec les copains et les copines nous permettait de nous faire des amis plus facilement.»

Sergio est convaincu que les immigrants doivent aider leurs enfants à ne pas se replier sur eux-mêmes, mais les initier, par exemple, aux activités des enfants du Québec: patinage, hockey, baseball, etc. «Nous avons insisté pour qu'ils apprennent tout cela: ils vont jouer au hockey dans le parc et rencontrent d'autres jeunes avec qui ils s'amusent. Cela leur donne confiance en eux et leur permet de connaître des jeunes de leur âge en dehors du cadre scolaire.» Il raconte que Joan et Beatriz participent avec beaucoup d'intérêt aux classes de neige de leur école.

Les parents Guevara expliquent qu'au Salvador, il est impensable de vouloir patiner: ce sport est réservé aux riches. «Au Canada, disent-ils joliment, il faut savoir patiner pour être du pays! Au début, Jimmy s'effondrait sur la glace dès que nous le laissions aller; finalement, ils ont tous appris. Les trois enfants ont également appris à nager. Ils fréquentent régulièrement les piscines. On ne peut pas les élever comme s'ils étaient au Salvador, ils n'y sont plus.»

Les Guevara ont bien tenté de s'intégrer à la communauté chrétienne québécoise. Ils avouent qu'ils ne s'y sentaient guère accueillis dans leur différence, mais pas d'avantage dans la communauté chrétienne espagnole ou chez les Latinos-Américains. «Peut-être attendons-nous trop des gens à cet égard», dit Estela.

Les pénibles événements vécus, la souffrance qui en a résulté ont fait ressurgir en eux la conscience de leur foi chrétienne. Ainsi, ils participent au MTC parce qu'ils ressentent le besoin d'un lieu où ils peuvent ressourcer leur foi.

Les Guevara fréquentent la communauté latino-américaine de Saint-Gilbert où ils commencent à se sentir intégrés. Ils y rencontrent un prêtre québécois, ancien missionnaire au Pérou. «C'est une communauté que nous apprécions, dit Estela, car le prêtre nous ouvre à la culture d'ici tout en y intégrant la nôtre.» Par l'intermédiaire de cette communauté, Sergio s'est engagé dans une équipe de visite aux prisonniers latinos-américains du pénitencier Archambault. Lui et Estela font aussi partie du groupe Justice et Foi qui vient de s'organiser. En collaboration avec l'animatrice, ils aimeraient créer une formule pour réunir les enfants des parents qui participent à cette activité. «Pendant que nous assistons aux réunions, les enfants attendent à la maison en regardant la télévision. Nous croyons qu'il faut chercher ce qui peut être bon pour "accrocher" les jeunes.» Estela et Sergio sont convaincus que leurs engagements ne signifient rien si les enfants n'ont pas l'occasion de s'intéresser à ce qui se passe dans la communauté et de rencontrer des compatriotes de leur âge.

Place à l'avenir

Sergio travaille toujours à la même usine de Lachine. Il a toutefois suivi des cours d'arpentage afin d'augmenter ses chances d'avancement. En ce moment, il suit un cours de dessin en informatique.

Estela, pour sa part, a décidé de reprendre sa profession d'infirmière auxiliaire; elle poursuit des études dans ce but au Centre de formation professionnelle de Laval. Elle devrait avoir accumulé les crédits nécessaires avant la fin de 1993.

Fiers de voir leurs enfants se débrouiller avec succès dans ce nouveau pays, les Guevara entrevoient l'avenir avec beaucoup d'espoir. Ils tiennent à ce que la famille reste attachée aux richesses et aux valeurs du pays d'origine, tout en s'appropriant les valeurs nouvelles que leur propose la société québécoise. «Je veux ajouter, conclut Sergio, que nous avons reçu de plusieurs Québécois des marques d'amitié qui ne se démentent pas.»

Jimmy dit parfois à ses parents qu'il lui semble difficile de se lier d'amitié avec les gens d'ici. Ils lui répondent qu'en arrivant dans un pays étranger, les immigrants ont à vivre une période de transition qui, sur le moment, peut leur sembler un rejet.

Ils lui disent aussi que, lorsque les humains se donnent une chance de se connaître, d'un pays à l'autre, il se crée entre eux des liens d'amitié souvent indéfectibles.

BONHEUR EN ÉQUILIBRE

Hélène et Dany Bérubé

En regardant le chemin parcouru depuis leur première rencontre, Dany et Hélène concluent que leur volonté de poursuivre résolument un destin commun les a bien servis. Ils constatent aussi que des circonstances favorables ont joué un rôle important dans les seize années de leur vie commune. Suivons-les depuis leur naissance en 1957 jusqu'à aujourd'hui.

Dany naît à Shawinigan, et il demeure chez ses grands-parents jusqu'à l'âge de 12 ans. En effet, vu la situation économique de la Mauricie à cette époque, ses parents viennent se fixer à Montréal. La région métropolitaine connaît alors une recrudescence d'emplois. Lorsque Dany vient rejoindre ses parents à Montréal, la famille s'établit dans l'Est de la ville.

Hélène est justement native de l'Est de Montréal. Elle complète ses études secondaires et s'inscrit en commerce, car elle aimerait se trouver éventuellement un emploi de secrétaire, dans le milieu scolaire. Le niveau primaire l'intéresse particulièrement.

Dany complète également son cours secondaire, mais immédiatement après, il arrive sur le marché du travail où il occupe divers emplois plutôt précaires. Et il se rend compte assez rapidement que les possibilités d'emplois demeurent passablement limitées pour un jeune n'ayant en poche qu'un diplôme du niveau secondaire.

Le hasard faisant fort bien les choses, les deux familles se retrouvent voisines en 1973. Hélène et Dany font alors connaissance. Comme ils n'ont tous les deux que 16 ans, commence alors une assez longue période de fréquentations. Ils se marieront en 1977.

Au moment de leur mariage, Dany travaille comme journalier sur un chantier de construction de la pétrolière Gulf. Puis advient sa mise à pied. «Lorsque je m'étais présenté pour la première fois au Centre de main-d'œuvre, souligne-t-il, on m'avait inscrit comme "homme de peine".» Mais, cette fois-ci, quand il perd son emploi et que l'agent du Centre lui propose de retourner aux études, Dany se montre enchanté. Il a toujours été attiré par le domaine de la santé et on lui offre précisément de suivre un cours de deux ans qui lui permettrait de devenir infirmier auxiliaire. Dany en discute alors avec Hélène et cet échange d'opinions le convainc rapidement que, tout bien pesé, le jeu n'en vaut pas la chandelle.

Car, à cette époque, les cégeps orchestrent une publicité efficace en vue de promouvoir l'éducation des adultes. Le jeune couple entrevoit une opportunité plus prometteuse de ce côté. En effet, Dany, grâce à ces nouvelles perspectives, peut envisager d'obtenir, après trois ans d'études, son diplôme d'infirmier.

Un tournant majeur

«À ce moment-là, explique Hélène, Dany préconisait la présence de la femme à la maison, avec, comme tâche prioritaire, celle d'éduquer les enfants. Je n'étais guère opposée à cette idée, c'était aussi ma façon de voir les choses. D'un autre côté, on envisageait pour Dany cette perspective de trois années d'études. Je continuerais donc mon travail à la commission scolaire et Dany tenterait de décrocher quelque part un poste à temps partiel.»

Soutenu par Hélène, Dany n'hésite plus et s'inscrit au cégep, en techniques infirmières. Il y poursuivra ses études de 1979 à 1982. Parallèlement, il obtient un poste de préposé aux bénéficiaires dans un centre hospitalier privé. Mais il se rend vite compte de la précarité de l'emploi dans ce milieu et réussit à obtenir un poste de même type à l'hôpital Maisonneuve. Poste qui requiert l'équivalent de deux jours/semaine de travail et ce, la plupart du temps, pendant les fins de semaine. Comme il a à cœur d'aider Hélène dans les tâches domestiques, le projet se révèle assez exigeant. Sa femme dit de cette période: «Dany a travaillé terriblement. Il a fait son cours en trois ans et dans des conditions pas faciles.»

Et Dany d'ajouter: «Rater une année correspondait, pour moi, à la perte d'un an de salaire.» En effet, Dany trouvait l'aventure onéreuse, parce qu'en plus de faire face aux dépenses inhérentes à ses études, il subissait évidemment un manque à gagner. «Heureusement que j'ai pu trouver un travail à temps partiel! dit-il. Mais je me sentais soutenu par une double motivation: l'encouragement d'Hélène et ma détermination à réussir. De plus, le fait d'entreprendre ces études collégiales était valorisant pour moi.»

Cependant, Hélène et Dany trouvent leur situation assez précaire, compte tenu de leur désir d'avoir rapidement des enfants. Surtout, ils rêvent d'accueillir ces enfants dans leur propre maison. Comme la plupart des jeunes couples qui commencent leur vie commune, ils se sentent pris au piège d'une situation économique difficile. Supposons l'arrivée d'un premier enfant, qu'adviendra-t-il de l'emploi d'Hélène? Devra-t-elle le quitter? Mais elle aime son travail! Travailler à mi-temps? Les deux se posent plusieurs questions, tout en travaillant très fort, chacun dans sa sphère d'activités.

«Nous souhaitions des conditions favorables pour élever notre famille et nous nous sentions alors déjà responsables de ces conditions, de dire Dany. Il est sûr que la paternité à venir a été pour moi un stimulant, une forte motivation: il y avait un avenir à bâtir.»

La famille

C'est pourtant au cours des études de Dany que le désir de fonder une famille s'impose de plus en plus au couple. En dépit de l'insécurité financière, Hélène et lui en discutent souvent, mais les deux hésitent et en reportent sans cesse la réalisation. Puis,

Hélène éprouve des problèmes de santé et le médecin leur dit alors que, s'ils veulent avoir des enfants, il vaudrait mieux le faire maintenant. «La fertilité était peut-être liée à mon problème, dit Hélène. Nous en avons encore parlé entre nous, pour enfin nous décider.» Enceinte, Hélène se sent très mal. Elle souffre de nausées continuelles et subit de sérieuses crises d'éclampsie. Sa grossesse est vraiment difficile. Aujourd'hui, Dany en rit: «C'est là que j'ai pu vérifier le dicton populaire: "La femme le porte et l'homme le supporte"!» Hélène ne tolère plus ni l'odeur du café, ni celle des œufs frits! Qu'importe, ils sont deux pour vivre les longs mois d'une pénible attente. Et Geneviève vient au monde en août 1981. La dernière année d'études du nouveau papa va débuter à quelques jours de cette naissance.

Cependant, tout heureux qu'ils soient, les nouveaux parents doivent justement réfléchir à la façon d'organiser les débuts de leur vie de famille. Réflexion qui implique d'étudier sérieusement, cette fois, la question du travail d'Hélène à l'extérieur. Celle-ci occupe, depuis six ans déjà, un emploi permanent à la commission scolaire.

Hélène explique leur décision du moment. «Ça ne me pesait pas de travailler. Au contraire, j'aimais ça. Lorsque j'ai eu Geneviève, j'ai pris les congés prévus et je suis retournée au travail. Ce qui nous a facilité énormément les choses, c'était que nous habitions, à cette époque, un rez-de-chaussée et que ma mère demeurait à l'étage. C'est elle qui gardait Geneviève. Nous n'avions donc pas à faire lever la petite pour la nourrir, l'habiller et l'amener rapidement à une garderie. Ma mère descendait chez nous dès notre départ. Nous étions drôlement privilégiés. Et puis, je pense que je n'avais pas vraiment le goût d'arrêter de travailler.

En dépit de ces conditions idéales, Hélène aurait tout de même aimé obtenir un poste à mi-temps. Mais cette situation n'était guère favorisée dans son milieu de travail. On y prêchait plutôt le «tout ou rien», en objectant de vagues raisons de complications administratives à ceux qui en faisaient la demande. Elle reprit donc un poste à temps plein et y resta un an, avant que Michèle ne vienne agrandir la famille.

«Je dois dire qu'en me retrouvant enceinte, raconte Hélène, j'ai été tout d'abord déprimée, ayant en tête le souvenir déplaisant de ma première grossesse. Mais mon impression s'est vite estompée car cette deuxième grossesse a été facile. J'étais aussi très occupée. C'est pendant ce temps que nous avons fait les démarches pour acheter la maison et que nous y avons emménagé. Michèle nous est arrivée en décembre 1983.» Hélène postule à nouveau un emploi à mi-temps, tout en se doutant bien que sa demande ne sera pas appréciée.

Mais allons retrouver Dany, quelque temps avant l'arrivée de la petite Michèle et l'achat de la maison.

De l'inconfort à la sécurité

Sa licence d'infirmier enfin obtenue, Dany se retrouve de nouveau, en 1982, sur le marché du travail. La récession sévit dans l'ensemble de la fonction publique et, évidemment, dans les services de santé. Une importante restructuration des services administratifs est en cours. Dans les hôpitaux où on subit des coupures de postes et des remaniements de personnel, on assiste à un véritable tourbillon. «Quelqu'un qui possédait déjà deux années d'ancienneté était sûr d'avoir un poste, raconte Dany, mais il ne savait pas lequel! Au pis-aller, il pouvait lui arriver de se retrouver sur une liste de rappel ou de devoir aller travailler assez loin de chez lui. Les normes précisaient: dans un rayon de 40 kilomètres!»

Dany se retrouve alors à une étape difficile de son cheminement professionnel. Bien qu'il soit maintenant en possession de sa licence d'infirmier, il est inscrit comme préposé sur la liste d'attente, car aucun autre poste n'est disponible dans son entourage ou ailleurs. Et le contexte social qui prévaut n'est guère favorable à un épanouissement de ce côté. Il doit accepter plusieurs déplacements de poste. Appelé à toute heure du jour ou de la nuit, il travaille même aux cuisines, comme aide en alimentation. Bien que Dany juge cette situation «un peu infernale», il reconnaît, malgré tout, «que la vie finit par arranger les choses». Il travaille la plupart du temps de soir et de nuit et, au moins, cet horaire est compatible avec celui de sa femme. Durant cette période difficile de la vie des Bérubé, à compter de la naissance de Geneviève, un des deux parents sera presque toujours à la maison!

Sorti du cégep en mai 1982, Dany obtient finalement un poste d'infirmier au mois d'avril 1983, parvenant ainsi au but qu'il s'était fixé plus de quatre ans auparavant. Une certaine reprise de l'économie a ouvert des postes à l'hôpital Maisonneuve et dans d'autres hôpitaux. Dany avoue: «J'ai trouvé difficile d'avoir étudié pendant trois ans et d'avoir dû attendre un an avant que mon diplôme soit reconnu officiellement. Peut-être à cause de toute l'énergie et des espoirs que nous avions investis dans ce projet. J'avais le sentiment, même si on me disait que j'étais un très bon employé, d'être tout de même un numéro, soumis aux critères administratifs de la direction et même du ministère.» Mais Dany est conscient que les milieux scolaire et hospitalier sont favorisés, par rapport au secteur privé, où les gens ne peuvent plus envisager aucune perspective d'avenir. «Dieu merci, mon ancienneté me protège», dit-il.

Mais pendant tout ce temps, la petite Geneviève a grandi. Deux semaines avant son entrée à l'école, Dany obtiendra un poste de jour.

Le nid

Depuis leur mariage, Hélène et Dany ont partagé un logement avec le frère d'Hélène et sa femme. Mais les jeunes parents rêvent d'une maison bien à eux! Pour y créer leur espace, goûter une intimité nouvelle, profiter à leur goût des sourires et des fantaisies de leur jeune enfant. Ils ressentent l'urgence de s'installer dans un véritable foyer, tant pour leur sérénité personnelle que pour le bien-être de Geneviève. Ils planifient donc leur beau projet... en pensant à l'avenir. Mais un beau jour, la maison, tant de fois aperçue en rêve, est devant eux. Ils la visitent un dimanche matin et le soir même, ils en sont les heureux propriétaires. «Les conditions économiques étaient difficiles pour la majorité des gens, nous dit Hélène. Le fait de travailler tous les deux a évidemment accéléré la possibilité de devenir propriétaires.»

Hélène, alors enceinte de Michèle, se sentait parfois tiraillée entre ses contradictions. L'achat d'une maison représentait un gros investissement. Il lui fallait donc travailler. Mais en même temps, elle n'avait pas envie d'abandonner à des étrangers l'éducation de ses enfants.

Soit! Une fois le papa assigné à un poste de soir, il prendra soin de ses petites, le matin, et cuisinera pour la maman, partie au boulot!

Les tâches au quotidien

Hélène et Dany ont maintenant la chance de profiter de bonnes conditions de travail. Mais le partage des tâches domestiques et parentales, assumé généreusement à tour de rôle, leur assure aussi cet équilibre de vie qu'ils ont recherché avec persévérance, tout au long de leur cheminement personnel et en tant que couple.

Car, après la naissance de sa deuxième fille, Hélène a enfin obtenu un poste à temps partiel. Son deuxième accouchement l'ayant plongée dans une sorte de torpeur, elle vit ce retour au travail comme une véritable cure. «Je ne pouvais pas, dit-elle, ne pas être influencée par les courants de la société d'alors. Durant toutes ces années, le travail de la femme à la maison était particulièrement dévalorisé et, de plus, je considérais important de contribuer aux besoins du ménage, comme je l'avais toujours fait depuis notre mariage.»

Hélène explique qu'elle a grandi dans un milieu pauvre, d'où elle a dû prendre rapidement son envol! Elle reconnaît également que, «comme à peu près tout le monde», elle et Dany voulaient s'offrir quelques loisirs et s'assurer un certain confort matériel. Hélène n'aime pas les tâches domestiques. Dany, aîné de nombreux frères et sœurs qu'il devait souvent prendre en charge, s'est aisément initié aux travaux quotidiens du foyer.

Mais après la naissance de Michèle, Hélène, profitant de son «temps partiel», s'adonne à la joie d'être maman. Quand elle revient du travail, elle emmène les filles au parc, tout proche. Elles fréquentent, un temps, «Le Carrefour des pitchous», lieu d'animation pour enfants et mamans en mal de distractions... Les petites y apprennent à s'intégrer à un groupe, tandis que l'on offre aux mères des services d'échanges et de partage.

Hélène nous dit qu'elle a parfois côtoyé, dans ces rencontres, des femmes esseulées qui n'ont pas la chance, hormis ces quelques occasions, de sortir de chez elles.

En 1988, elle reprend son travail à temps plein. Michèle n'a que trois ans. Mais son papa est encore à la maison pour en prendre soin, lui qui n'entre au travail qu'à 16 h. Hélène et son mari apprécient d'être en mesure de satisfaire ainsi leur besoin d'activités extérieures professionnelles, tout en ayant pu assurer aux enfants une présence quasi régulière de l'un deux, en onze ans de vie familiale.

Le miel de la vie

Par contre, pour réussir ce tour de force, la famille, telle une ruche, bourdonne du matin au soir. Les lunchs à préparer, les départs pour l'école, reprendre les enfants à la fin de la journée, les devoirs et les leçons, le souper, un tout petit bout de soirée... et, hop, ça recommence! Au début, du moins, tous trouvaient cette routine épuisante. Et encore! Comment faire la couture? Pas le temps? On n'en fait pas. Et la cuisine? Il faut tout de même manger! Les repas seront moins élaborés et on achètera à l'occasion du «prêt-à-manger». «Mais, conclut Dany, nous avons fait un choix et nous tâchons d'en assumer les conséquences, en visant tout de même à maintenir une bonne qualité de vie.»

Mais Hélène et Dany réajustent souvent le fonctionnement de la petite ruche familiale, selon les événements et imprévus du jour. Particulièrement, la situation scolaire des enfants exige de leur part beaucoup de souplesse. Changement d'école au primaire, etc. «Et en septembre prochain, Geneviève entre au secondaire, s'exclame Hélène. Déjà!»

Le regard tourné vers demain

«En ce qui concerne les enfants, l'avenir ne me préoccupe pas, affirme Dany. Je sens beaucoup de complicité entre les filles et moi. Je sais quels "détours" prendre pour leur plaire et aussi pour qu'elles nous plaisent! Nous les aidons dans leurs études, surtout Hélène. Nous souhaitons qu'elles réussissent, mais nous ne leur demandons pas d'être des "performantes".»

D'après les filles, Dany est un «super papa», toujours de connivence avec elles. Hélène souligne qu'avec ses adolescentes, elle connaîtra peut-être éventuellement des difficultés qui seront moins apparentes avec leur père. Mais le couple semble plutôt serein, face à la croissance de ses enfants. «Nous avons une bonne relation avec elles et elles se confient encore facilement à nous, disent-ils. Geneviève se sent plus responsable, du fait que nous travaillons tous les deux.»

Hélène admet, cependant, qu'elle trouve parfois difficile de laisser à ses petites un espace de liberté. Pourtant, elle considère cette étape indispensable, surtout au moment où Geneviève devient adolescente. Dany et elle demeurent toutefois vigilants en ce qui concerne les amis de leur aînée. Mais ils sont également lucides. Ils essaient d'être à l'écoute des besoins profonds de l'une et de l'autre. À titre d'exemple, Hélène raconte que Geneviève souhaitait vivement aller à la polyvalente pour se retrouver avec la plupart de ses amis. «Nous avons dû y réfléchir, mais nous allons respecter sa préférence, même si nous pensions l'envoyer en institution privée.»

«Anges gardiens» modernes de leur petite famille, affairés et méticuleux comme le sont les abeilles dans la ruche, Hélène et Dany réussissent à relever maints défis qui leur sont proposés dans les diverses péripéties de leur vie quotidienne. Soucieux de profiter au maximum du présent, ils aiment l'organiser avec minutie. Suivant en cela leurs parents, Geneviève et Michèle apprennent à utiliser les circonstances, à la fois en leur faveur et pour le bien-être de la cellule familiale. Paraissant épanouies, elles n'en sont pas moins responsables d'elles-mêmes, à la mesure des possibilités de leur âge.

Les Bérubé envisagent l'avenir avec confiance. «Geneviève et Michèle vivent en société, on ne peut pas les mettre à l'abri de tout», disent-ils.

Ainsi s'activent dans la ruche les petites abeilles...

COMME UN JARDIN

Zénon Soucy

Lorsque Francine professeur au secondaire dans une polyvalente de la Rive-Sud, et Zénon, son mari, directeur des services aux étudiants dans un cégep de Montréal, ont choisi de venir habiter Boucherville, il y a quinze ans, leur objectif principal était que leurs enfants, Valérie et David, aujourd'hui âgés de 13 et 16 ans, y grandissent et qu'ils s'épanouissent dans un environnement sain. Ils croyaient primordial de leur transmettre ces mêmes valeurs qui s'étaient révélées déterminantes pour eux. Œuvrant tous les deux dans le domaine de l'éducation, ils désiraient, également, donner à leurs enfants un certain raffinement et faire, dans la mesure du possible, l'unité entre les principes d'éducation transmis à la maison et les messages souvent contradictoires que recevraient ceux-ci hors de la maison familiale. L'installation dans la jolie maison de Boucherville se fit donc sous le signe d'une volonté bien marquée, chez le jeune couple, de vivre dans un milieu où les gens partageraient les mêmes préoccupations et intérêts qu'eux.

131

Originaires de Montréal et de la Gaspésie, Francine et Zénon se sont rencontrés il y a vingt ans, alors qu'ils étaient jeunes professeurs à la même école. La beauté, la sincérité et la joie qui habitaient Francine la rendirent irrésistible aux yeux de Zénon. De même que le dynamisme, l'ouverture d'esprit et la bonté inscrite sur le visage de Zénon attirèrent Francine.

Tous les deux issus de familles chrétiennes, ils se fréquentent pendant un an et demi, se marient et décident d'établir les bases de leur vie commune sur le partage et l'amour, dans le cadre de la foi. Ils décident de n'avoir pas d'enfant dans l'immédiat, mais de prendre le temps de vivre à deux, de voyager. Ils développent ainsi des complicités qui, disent-ils, se révéleront par après fondamentales pour le reste de leur vie.

Mais en attendant, nos amoureux profitent pleinement de la vie: cinéma, théâtre, concerts, sorties gastronomiques, réceptions à la maison. Toutefois, dans ces soirées mondaines, Francine et Zénon essaient de créer des contacts vrais, ils tentent d'approfondir sans cesse leur propre relation, ainsi que leurs échanges avec leurs amis. Ils aiment leurs parents et entretiennent avec eux des liens très profonds. Trois ans s'écoulent ainsi.

Puis s'annonce une surprise... qui n'en est peut-être pas une, connaissant le don de planification de nos amis! Valérie naît en décembre 1976. Deux ans et demi plus tard, en avril 1979, arrive David. Pour Francine et Zénon, le choix est fait depuis longtemps de s'en tenir à deux enfants, de leur réserver toutes leurs énergies. En effet, Francine n'était pas certaine de trouver en elle-même l'énergie nécessaire à l'éducation d'un troisième enfant. Elle souhaitait, de plus, continuer sa carrière d'enseignante.

Francine et Zénon appartiennent à ce type de personnes qui n'aiment pas se sentir envahies par les imprévus. Déjà, au commencement de leur vie commune, ils décident de «tenir les commandes» et, dans la mesure de leurs moyens, de respecter leurs décisions initiales. Leur discipline intérieure, le mode de vie spirituel qu'ils ont choisi de vivre avec authenticité et, bien sûr, leur sens pratique de l'organisation se révéleront de précieux alliés dans cet idéal de toute une vie.

Les enfants grandissent. Le temps pour Francine et Bernard de se retourner, et ce sont déjà de grands adolescents. Appuyée sans réserve par son mari, Francine organise le fonctionnement de la maisonnée. «Lorsque l'on vit à quatre dans une maison, on en déplace de l'air, on en salit des vêtements et de la vaisselle!» déclare-t-elle, sans ambages. Parents et enfants se partagent donc les tâches, toutes les tâches, ennuyeuses, drôles, faciles, difficiles et saisonnières aussi! Car un beau terrain, c'est beau... oui, mais les mauvaises herbes, le gazon, la rocaille, le lavage des fenêtres, ouf! Et la neige, l'hiver? Tout cela se fait la plupart du temps au son des bavardages, des chansons et des taquineries.

L'argent n'est pas un absolu

Toute la famille semble d'accord sur le fait que désirer longtemps un objet augmente le bonheur de le posséder enfin! David veut s'acheter un téléscope. Il ramasse patiemment ses sous. Un jour, il l'aura son télescope. Conscients d'aller à contre-courant de la mentalité de la société de consommation, qui favorise l'endettement afin de se procurer immédiatement ce que l'on veut, ses parents tiennent bon dans l'imposition de principes assez stricts, face à l'argent. Ils offrent plutôt à Valérie et à David une rémunération pour certaines corvées domestiques occasionnelles. Les enfants ont la permission de dépenser à leur gré leurs économies pour s'offrir quelques douceurs. Et c'est ainsi que le quotidien devient source d'apprentissage à la gestion d'un budget.

Pour Francine et Zénon, seul l'amour est absolu: «Je suis la femme la plus riche au monde car je possède ton amour et je t'aime comme une folle», dira Francine à son mari, lors d'un doux échange de messages, à la Saint-Valentin.

La discipline dans l'amour

Faire son lit, ranger ses vêtements, nettoyer régulièrement les petits coins de la maison et surtout, de sa chambre... voilà qui prend du temps et de l'énergie! Mais ensuite, tout le monde est bien content de circuler dans une maison propre. Vive la bonne humeur... par la discipline!

Mais, trêve de rigueur! D'autres moments demeurent privilégiés. Dans cette famille, on aime aussi la douceur de vivre et la musique est une amie souvent présente. David joue du violon depuis l'âge de six ans. La famille considère la musique comme «une nourriture de l'âme, du cœur et de l'intelligence». Selon les humeurs de chacun, on passe du chant grégorien à des suites de Bach pour violoncelle, on s'arrête un peu au jazz... on dit bonjour à Keith Jarrett, sans oublier le CKOI de Valérie! Bernard affirme, sourire en coin, que lorsque la famille écoute de la musique, le climat devient plus doux... on s'efforce d'être attentif aux autres, au bonheur d'écouter son chansonnier préféré... Mais on respecte le sommeil de ceux qui dorment!

On s'offre des fleurs sans raison précise, simplement parce qu'on est heureux. Et il y a encore bien d'autres surprises: un bon dessert, un congé de vaisselle, une sortie à l'improviste et parlons des croissants chauds à la confiture maison, le dimanche matin! «La clé du bonheur, quant à nous, dit Francine, c'est de penser à l'autre, aux personnes que l'on aime et de tenter de leur faire plaisir, de leur procurer de la joie.»

Francine et Bernard croient que tous les prétextes sont bons pour fêter. Tant les fêtes de l'année civile que les anniversaires ou autres occasions. À chaque célébration, l'un ou l'autre prépare le plat préféré du héros ou de l'héroïne du jour. La fête de Noël se célèbre avec le cercle de famille, mais aussi, entre eux quatre. On y réserve une petite attention spéciale à chacun. Les Soucy font également de la Saint-Valentin une véritable fête de l'amour.

Les vœux écrits occupent une place privilégiée dans la famille. Chacun exprime ainsi ses pensées, peut-être parfois un vœu secret, ses sentiments ou ses souhaits. «Cette habitude que nous aimons, disent-ils, solidifie entre nous l'amour et la confiance.» Elle raconte que David est même l'auteur d'un «journal-maison» mensuel, dans lequel sont consignés des moments de vie familiale, des impressions particulières, des souvenirs. Mais Francine et son mari sont bien conscients que l'harmonie qui réside à la maison, ils la doivent avant tout à leur volonté de cultiver, d'abord, l'harmonie entre eux deux. «Les enfants partiront un jour, dit Zénon, alors que notre vie de couple continuera.» Les sorties et week-ends en amoureux, les anniversaires de mariage sont soulignés dans la douceur et l'amour. Valérie et David se considèrent gagnants d'avoir des parents heureux, «qui prennent le temps de se dire qu'ils s'aiment». Ils semblent être à même de reconnaître l'importance de la sécurité affective qui nourrit leur vie de famille. «Maman et papa ne divorceront pas comme les parents de plusieurs de nos amis», disent-ils souvent.

Francine et Zénon sont convaincus que la volonté de créer un climat chaleureux, lors d'un événement, stimule la délicatesse du cœur! Ils communiquent à Valérie et à David leur goût du beau, encouragent leurs initiatives et tâchent d'éveiller leur intérêt pour «ce qui est différent». «Ainsi, on repousse les frontières, dit Francine, on devient critique et ouvert.»

«On ne peut parler de bonheur sans parler des valeurs», dit Francine

«Les valeurs que l'on privilégie aujourd'hui serviront de guide aux enfants tout au long de la route. Elles leur indiqueront une ligne de conduite et les aideront à grandir.» Ainsi s'expriment Francine et Zénon.

«Moi, j'ai la chance d'avoir des parents qui s'aiment et qui s'occupent de moi. C'est une de mes plus grandes fiertés», écrivait David à ses parents, dans son dernier message de la Saint-Valentin. Et ceux-ci d'ajouter que leur plus cher désir reste toujours de donner «aux personnes que l'on aime le meilleur en tout».

Francine et Zénon font tout en leur pouvoir pour encourager leurs adolescents dans leurs études. Tout en étant conscients des réelles difficultés qu'éprouvent parfois Valérie et David à relever les défis quotidiens, ils n'hésitent pas à rappeler à l'un ou à l'autre qu'il prépare ainsi son avenir, et que les difficultés servent souvent de tremplin à la réussite. Valérie et David se confient assez aisément à leurs parents, lorsqu'il advient des périodes de découragement ou même des échecs. Ils sentent, expliquent leurs parents, que leurs efforts soutenus et la bonne volonté qu'ils manifestent au travail sont grandement appréciés par ceux-ci. Le bulletin de notes c'est important, mais l'effort et le cœur mis au travail, le sérieux et le courage qu'ils ont démontré sont plus importants. Et qu'est-il de plus valorisant que le succès, enfin au rendez-vous!

Et le tempérament?

«Nous ne vivons pas dans la ouate, dit Francine. Nous avons nos sautes d'humeur, par fatigue ou par colère. Nous ressentons parfois des frustrations.»

David veut prendre sa douche, Valérie se fait belle dans la salle de bain, le ton monte! Le vendredi soir, Francine, fatiguée de la semaine de travail, arrive à la maison et trouve une adolescente débordant d'excitation, qui crie et saute comme une vraie petite chèvre, parce que le week-end est «enfin» là. Mon Dieu! où prend-elle toute cette énergie? Et si on refuse une permission à David, ça y est, les portes claquent, le garçon s'enferme dans sa chambre... Seigneur! Comment lui faire comprendre? Bon, c'est vendredi, tout le monde est fatigué, n'est-ce pas? Normal. On s'aime quand même. L'amour est inconditionnel. Reposons-nous, ça ira mieux ensuite.

Quelque part, à Boucherville, dans une maison coquette sous de beaux arbres, quatre personnes s'aiment. La plupart du temps, le temps y est au beau fixe... même s'il y a quelquefois des orages! Quand surviennent des conflits, on tente de les résoudre rapidement. «Du choc des idées jaillit la lumière!» Lorsque revient le calme, on discute, on s'explique, puis on tourne la page. Francine, Zénon et Valérie le font oralement. David écrit.

«Cher papa, je n'ai pas aimé ce que tu as dit, ce soir, au souper. Cette fille n'est pas ma blonde, mais ma meilleure amie. Je trouve aussi que lorsque tu prends du vin, tu devrais te fermer la bouche, plutôt que de dire des stupidités de ce genre. Ce sont parfois des petites choses qui blessent les gens. Merci! Ton fils, David.» Suivent plusieurs petits «x» à l'appui...

Le cher papa en a pris pour son rhume. Message reçu, fiston.

Et la télévision?

«Il s'agit, disent Francine et Zénon, d'un médium de divertissement. Il faut lui donner sa vraie place, sans se laisser envahir.»

Ils expliquent que jamais ils ne laisseront la télévision détruire la dimension humaine qu'ils ont essayé de développer et de nourrir, avant tout, dans leur foyer. Pouvoir lire, se concentrer à l'étude, et surtout se parler, voilà les échanges essentiels, disent-ils, que «cette boîte à sons et à images» ne doit absolument pas détruire. Francine et Zénon apprécient ces moments du soir où tous se retrouvent à table et pendant lesquels les leçons de vie se révèlent parfois précieuses. Il n'y a donc pas de place pour la télévision pendant les repas. Oui, plusieurs émissions sont écoutées avec intérêt. Mais chose certaine, sont bannis, entre tous, les programmes où la violence fait loi. En tout cas, ce qui semble évident chez les Soucy, c'est que personne ne passera une journée entière devant la télévision, ni même toute une soirée.

Les vacances

Les Soucy sont convaincus qu'une histoire d'amour doit être nourrie de projets variés et de défis à relever, sinon, gare à la tiédeur. Quand Francine et Zénon pensent à leurs vieux jours, ils rêvent parfois de voyages, parfois de repos, de journées calmes et amoureuses. En attendant, les vacances avec la petite famille se font souvent mouvementées! mais dans la joie du partage. Au cours de l'été, on loue avec des amis une maison au bord de l'océan Atlantique, en Caroline du Nord. Les levers de soleil sur l'océan y sont une merveille. Les vagues énormes et capricieuses, les coquillages satinés, les dégustations, gourmandes, de fruits de mer, l'observation des animaux marins, tout cela explose dans un gros bouquet de joie! À chaque année, on attend avec impatience le retour de ces vacances.

Vie spirituelle

Équilibre corporel, équilibre spirituel. Ainsi vivent Francine et Zénon en compagnie des êtres qu'ils aiment le plus au monde. Ils expliquent qu'en choisissant de donner la vie, ils ont choisi également de donner à leur nouveau-né accès à la vie éternelle. Dieu est présent dans la famille de Francine et de Zénon, qui souhaitent transmettre à leurs enfants une foi vivante, concrète. On prit, on remercie le Créateur de ses bénédictions et on lui demande sa protection, en voyage et en vacances comme dans la vie de tous les jours.

Pendant l'Avent, on lit la Bible. La famille participe à l'Eucharistie dominicale. Francine et Zénon expliquent à Valérie et à son frère l'importance de confier à Dieu leurs espoirs et leurs peines, mais aussi de le remercier pour la santé, l'intelligence, la beauté et pour combien d'autres talents dont Il les a gratifiés! Actuellement, ils demandent aux enfants de les accompagner à la messe. «Je suis la seule de mon groupe d'amies à y aller!» L'initiative ne semble pas toujours plaire à Valérie! «Je n'ai pas besoin d'aller à l'église pour dire à Dieu que je l'aime», dit-elle encore. Et son père lui explique que l'amour est parfois exigeant, qu'il vaut bien certains déplacements... comme lorsqu'il va la reconduire à ses activités ou qu'il assiste à sa partie de ballon-volant!

Le jardin des merveilles

«Pour être heureux aujourd'hui, dit Zénon, ça prend de la lucidité. Nous essayons de savoir où nous allons et surtout, de savoir où nous voulons aller, sans trop laisser errer notre barque sur les flots de la vie, au hasard des rencontres et des situations.»

Francine renchérit: «Nous sommes conscients de notre bonheur et de la chance qui nous a été donnée de pouvoir vivre à nous quatre. Cette réalité est le résultat de l'amour qui, au début, a pris naissance entre Zénon et moi.»

Les deux parlent de leur «jardin des merveilles», qu'ils entretiennent quotidiennement, depuis vingt ans. Leur méthode leur a permis de s'aimer encore aujourd'hui, disent-ils, et d'être «encore» heureux. Comme tout un chacun, ils ont pourtant connu la maladie et subi des épreuves diverses. En vingt ans, les décisions n'ont pas été toutes faciles à prendre, mais ils pouvaient compter l'un sur l'autre. Dans l'adversité, ils ont essayé de retenir les aspects positifs de leurs difficultés et des épreuves qu'ils ont traversées, mais dans ce but, ils se sont centrés sur leur amour.

«Nous avons commencé notre vie à deux, concluent-ils, puis nous avons été quatre, nous sommes maintenant cinq avec le copain de Valérie, il y aura bientôt peut-être des petits enfants, qui sait? Mais nous savons qu'essentiellement, nous finirons notre vie à deux. C'est pourquoi nous n'avons jamais négligé, Zénon et moi, de prendre soin l'un de l'autre, de nous gâter, d'entretenir la flamme de notre amour.»

Zénon se dit à chaque jour combien il aime sa femme et ses enfants. Il mourrait content, ajoute-t-il, s'il devait mourir aujourd'hui, car sa conviction

est profonde de n'avoir rien négligé dans sa recherche d'un bonheur équilibré. Il est convaincu
d'avoir tout donné.

En vingt ans d'amour partagé, bilan: l'Absolu.
Ils ont toujours donné et donnent encore la première place à l'amour, qui stimule et oriente leur
vie. «Le bonheur, conclut Zénon, ça se cultive
comme un jardin.»

FUSION À CHAUD

Carolle Anne Dessureault

Au moment où débute cette histoire, Jean a quarante-six ans. Il se considère choyé par le destin, mais se sent déçu par le non-engagement de certaines personnes. Quand il rencontre Anne-Marie, il poursuit sa quête d'un idéal qui, apparemment, s'obstine à le fuir. Mais chez la jeune femme, il en reconnaît, cette fois sans hésitation, le signe...

Le trio Perreault

Dans sa jeunesse, Jean Perreault devint avocat, mais la pratique du droit l'ennuya rapidement. Il se dirigea alors vers un nouveau domaine, celui de la formation à l'étranger. C'est ainsi qu'il se retrouve aujourd'hui avec, derrière lui, une vingtaine d'années de carrière à titre de consultant international. Son travail l'amène à voyager beaucoup, et ce genre de vie lui convient tout à fait. Très actif, il a besoin de mouvement. Ses amis le disent à la fois original et fidèle, un peu tyrannique, un peu colérique, en reconnaissant toutefois sa grande générosité.

D'un premier mariage, Jean avait eu deux enfants. La blonde Nathalie, âgée de quinze ans, à l'époque de la rencontre avec Anne-Marie, était le portrait tout craché de son père. Olivier, treize ans, déjà tout en muscles, professait pour son père une grande admiration. Mais sa récente puberté laissait présager les premiers signes de la contestation...

Alors qu'ils étaient de tout jeunes enfants, Nathalie et Olivier trouvaient les jouets habituels des enfants de leur âge somme toute peu intéressants. Ils leur préféraient de beaucoup les animaux, les jeux vidéo, les tours en bateaux et surtout les conversations avec les grandes personnes. À l'âge où l'on entre en maternelle, les enfants Perreault trottinaient déjà d'un aéroport à l'autre. Habitués, de ce fait, à une nourriture exotique, un plat de «steak-frites» ne les attirait guère; ils mangeaient plutôt des «tacos», ils connaissaient la «vatapa» et la «feijoada» brésiliennes, et ils avaient goûté aussi, au hasard des pérégrinations de leur père, aux «atchékés» et à la «mamba» du Zaïre. Il leur arrivait aussi de fêter leur anniversaire de naissance au Lido, à Paris, et généralement la fête avait lieu en compagnie d'adultes de leur entourage. Pour eux, la vie quotidienne prenait parfois des allures de corrida, à travers les suites d'hôtels et les villas luxueuses, sous la tutelle de multiples gouvernantes.

Et quand leur mère les quitta, peu après les quatre ans d'Olivier, leur père les amena faire un safari au Kenya. Histoire d'y rencontrer de «vrais» lions, en liberté, ce qui serait bien mieux que de visiter les nombreux zoos de par le monde...

Dès leur plus jeune âge, la liberté fut la compagne de Nathalie et d'Olivier. Se coucher à n'importe quelle heure, changer de religion en autant qu'on comprenne pourquoi, boire du vin, donner son opinion, questionner à perdre haleine et sortir le soir... À l'âge de six ans, Olivier décida de goûter un peu fort aux charmes de cette liberté et se retrouva perdu à la Ronde, un samedi soir, à minuit. Jean commençait à se poser bien des questions sur cette sacro-sainte liberté lorsque les policiers lui ramenèrent le jeune rebelle.

Cette indépendance tôt acquise se manifesta à l'adolescence par un net manque d'ardeur à l'étude et une tendance marquée à égarer l'horaire des cours. Cependant, sensibilisés à des cultures diverses au rythme des voyages en famille, Nathalie et Olivier avaient tout de même accumulé un bagage impressionnant de connaissances de toutes sortes. Cette façon informelle d'apprendre leur plaisait davantage!

La conquête

Lorsque Jean rencontre Anne-Marie, il vient de rompre avec la femme avec qui il a vécu pendant plusieurs années. Cette femme avait davantage été perçue, par les enfants, comme une gouvernante plutôt qu'une partenaire de leur père. Jean les prévint qu'il était maintenant sérieusement amoureux. Nathalie et Olivier en déduisirent qu'ils allaient enfin avoir une vraie famille. Ils rêvaient d'un peu de stabilité... Comme le disait Nathalie: «De la bouffe, régulièrement! du confort, la télévision, le bonheur quoi!»

Anne-Marie se laissa attendrir peu à peu par la cour assidue et frénétique que Jean lui fit. À mesure que, dans leurs rencontres, ils parlaient de tout et de rien, ils avaient l'impression de se connaître depuis toujours et également, celle de s'être attendus depuis toujours. Ils croyaient n'avoir jamais aimé auparavant. Ils se sentirent faits l'un pour l'autre.

À l'époque où Anne-Marie connut Jean, elle était fortement stimulée par son propre besoin d'évolution. L'assurance expansive de Jean lui servit de miroir. Ainsi, ils se rejoignaient, la plupart du temps, sur la même longueur d'ondes.

Cette jeune femme, adjointe administrative dans une société immobilière du centre-ville, avait jusqu'à ce jour assujetti sa vie à la routine professionnelle. Mais en arrière-plan, elle avait quand même une autre vie.

Les petites filles modèles

Sophie, treize ans, Martine, onze ans, douces et gentilles comme leur mère, n'étaient peut-être pas «les petites filles modèles» de la Comtesse de Ségur, mais presque. Elles ne ressentaient jamais le besoin de s'éloigner de la maison, ne fumaient pas de même qu'elles ne consommaient ni alcool ni autres drogues. Intelligentes et appliquées à l'étude, elles géraient seules leurs travaux et activités scolaires. Leurs goûts étaient simples, parce que, dans leur enfance, elles avaient connu des plaisirs simples. Pendant l'hiver, on goûtait le plaisir du patinage, des glissades aventureuses et des bonshommes de neige dressés dans la neige. On aimait bien aussi aller dormir chez les petites amies. L'été ramenait Anne-Marie et ses filles en vacances au bord de la mer, où les joies des sports d'été prenaient la relève. Dans leur petit monde imaginaire, aux mille activités quotidiennes, Sophie et Martine avaient découvert, malgré tout, le sens du partage, mais elles restaient encore un peu timides. Quand Anne-Marie se lia avec Jean, Sophie entrait dans la phase difficile de la puberté et Martine était encore l'adorable enfant lumineuse de sa prime jeunesse.

La première époque des fréquentations passée, on organisa la rencontre des familles Perreault et Harvey. Ce ne fut pas banal. Jean dit à ses enfants: «Ne prenez pas toute la place. Soyez gentils, polis, coopératifs.» Anne-Marie dit à ses filles: «Prenez votre place, soyez telles que vous êtes, naturelles.»

On fit les présentations officielles. Jean fut très poli avec les filles Perreault qui se retenaient de lui pouffer de rire au nez. Cet homme, pensaient-elles, avait quelque chose d'un magicien, avec sa barbe rousse et ses brillants yeux verts! Anne-Marie ne cilla même pas devant les mèches vertes de Nathalie, tandis que Sophie dévorait celle-ci des yeux. Mine de rien, elle défit la boucle sage qui retenait ses cheveux en place. Quant à Martine, lorgnant la camisole et les collants noirs, si serrés, de Nathalie, elle admirait la capacité de respiration de la jeune fille!

Sophie regardait sa mère du coin de l'œil, se disant qu'elle aurait mieux fait de suivre son instinct et de porter un jean à la place de cette robe guindée que celle-ci lui avait suggérée. Quant à Nathalie, elle comprit vite que les filles Harvey n'étaient pas menaçantes pour deux sous. Son «aura» de fille expérimentée s'illumina... et c'est tout naturellement qu'elle proposa une activité au petit groupe. Martine trouvait sympathique cette belle fille aux cheveux verts, qui avait l'air d'une chanteuse de rock! Elle et sa sœur l'invitèrent à venir examiner leur collection de disques.

Olivier, quant à lui, était partagé entre son désir d'engager la conversation avec ses futures demi-sœurs et la sympathie que lui inspirait Anne-Marie, qu'il trouvait très belle avec ses pommettes saillantes et ses cheveux châtains glissant sur ses épaules.

Cette première rencontre s'avéra positive. On fit des projets. Il fut question d'une ballade à la campagne, d'une journée à la Ronde, d'un pique-nique en famille. On parla même de randonnées à cheval.

Lune de miel

Puis, les événements se précipitèrent. Ayant vendu sa maison, Anne-Marie se cherchait un nouveau logis. Jean occupait, depuis sa séparation, un trois pièces minuscule. Étant insatisfaits l'un et l'autre de cette situation, il leur vint, évidemment, l'idée de cohabiter. Ils décidèrent de s'installer rue Sherbrooke, à quelques pas de la vivante rue Saint-Denis. À cette nouvelle, Sophie et Martine virent en imagination, devant elles, les portes toutes grandes ouvertes de la liberté. Cette nouvelle destinée leur parut absolument merveilleuse. Elles s'imaginèrent déambulant sous les lumières de la rue Saint-Denis... «Ce serait la fête», se disaient-elles, tout cela était irrésistible.

Nathalie et Olivier en avaient vu d'autres...
Mais la vie communautaire leur souriait, sous toutes
réserves de conserver leur précieuse liberté. Jean
les assura que le seul changement consisterait en
l'horaire des repas, que l'on prendrait en commun.
«Alors, c'est super, va pour la famille!» dirent-ils.
Ils déballèrent les valises dans un climat d'euphorie. L'effervescence montait dans l'air, créée
par le déménagement, les nouveaux lieux, les nouvelles habitudes. Chacun chercha, tout d'abord, à
se montrer à son meilleur. On s'efforçait de partager les tâches autant que les loisirs, de faire les
emplettes, de mettre le couvert, ou d'occuper un
dimanche après-midi. On cuisinait, on courait ai-
mablement au dépanneur. On se sentait en vacances...

Jean et Anne-Marie étaient très heureux de se
retrouver ensemble et de partager de longs moments d'intimité. Jean était content de l'influence
positive qu'Anne-Marie semblait exercer sur ses enfants. Pour la première fois de sa vie, il avait l'impression d'appartenir à une vraie famille. Sa vie
antérieure lui paraissait dorénavant terne et vide,
bien qu'elle ait été remplie d'activités passionnantes. Il vivait enfin ce qu'il avait toujours profondément désiré connaître.

Par contre, Sophie et Martine se sentaient un
peu isolées dans ce nouvel environnement. Qu'était
devenue la magie des premiers jours? Heureusement, elles furent emballées par les festivals d'été se
déroulant rue Saint-Denis et aux alentours. La maison de la rue Sherbrooke devint alors le lieu de
rendez-vous de leurs copains et copines. Il n'en

fallait pas plus à Sophie et à Martine pour qu'elles se sentent à nouveau valorisées et sécurisées.

À la fin de l'été, Anne-Marie accompagna Jean dans un de ses voyages à l'étranger. En quelque sorte, ce devait être leur voyage de noces. La grand-mère de Sophie et Martine garda le fort, mais en l'absence des parents, les anciennes habitudes revinrent et le fragile noyau se désintégra. Avant de partir, Anne-Marie avait confié les cordons de la bourse à Nathalie. Parce que Nathalie était l'aînée et surtout parce que Anne-Marie avait vu dans ce geste l'occasion d'établir avec l'adolescente un rapport de confiance. Au retour, sa déception fut d'autant plus grande de découvrir que Nathalie avait détourné les fonds. Elle se sentit trahie. Et Sophie se plaignit d'avoir eu à faire la vaisselle plus souvent qu'à son tour. Et Olivier avait laissé les déchets dormir au soleil. Et Martine s'était foulé une cheville...

Bourrasques

Avec l'automne et la reprise des cours, le relâchement se fit sentir encore davantage. On eût dit qu'un vent capricieux avait soufflé, la nuit durant, rue Sherbrooke, pour forcer toutes les ouvertures de la maison Perreault-Harvey.

Peu à peu, tout se détériora. On retrouvait la vaisselle empilée dans une chambre. Pourquoi faire un lit que l'on défera le soir? Pourquoi ranger les verres qu'on ressortira des armoires? La nourriture déposée sur les comptoirs, les vêtements éparpillés pêle-mêle, les copains envahissants, les téléphones indiscrets, les portes ouvertes à tout vent, la négation des responsabilités, tout ce désordre devenait le symbole de l'anarchie qui s'emparait du cœur de tous, dans cette famille «reconstituée» en déroute. Lorsqu'Anne-Marie rentrait du travail, elle ressentait un total désarroi.

Anne-Marie n'avait jamais connu l'anarchie. Ayant eu jusque-là une bonne entente avec ses filles, elle avait cru naïvement qu'il n'y avait qu'une seule manière d'entretenir de bons rapports avec des adolescents. Mais avec les enfants de Jean, c'était, semble-t-il, une tout autre chose. Elle essaya le dialogue, la douceur, l'autorité. Elle colla des pense-bêtes un peu partout dans la maison, elle dit ce qu'il fallait faire et ne pas faire. Rien ne changea. «Comment s'adresse-t-on à un mur?» se demandait-elle. Nathalie, par exemple, écoutait toujours poliment ses revendications, mais n'en faisait qu'à sa tête. L'adolescente n'acceptait aucune forme d'autorité, sinon celle de son père bien-aimé.

Les enfants Perreault s'étaient amusés pendant un certain temps à «jouer aux traditions». Toutefois, les contraintes de la vie de famille ne les distrayaient plus et équivalaient, dans leur esprit, à la perte de la liberté. En se refusant à accomplir les tâches quotidiennes, ils dressaient effectivement un mur entre eux et Anne-Marie, et même face à leur père. Nathalie et Olivier se sentaient menacés. Ils en voulaient secrètement à leur père de ne plus leur accorder la première place. Il fallait maintenant frapper à sa porte quand on voulait lui parler, et surtout, ils répugnaient à transiger avec lui par l'intermédiaire d'une tierce personne. Si gentille soit-elle.

Le jeu de l'autruche

Jean fermait les yeux. Lui aussi se sentait désarmé et coupable envers ses enfants. Il croyait que c'était à Anne-Marie que revenait la responsabilité de trouver la bonne façon de faire régner l'ordre dans la maison. Dans l'esprit de Jean, les soucis domestiques n'étaient qu'ennuyeux et pas du tout un facteur d'épanouissement dans les relations humaines. Pour Anne-Marie, c'était le contraire. Les tâches domestiques accomplies avec soin devenaient un symbole de respect envers les autres.

Sophie et Martine ne se sentaient plus chez elles. Elles n'osaient pas dire à leur mère qu'elles étaient mal à l'aise et malheureuses. Elles avaient peur de briser son nouveau bonheur. Anne-Marie ressentait de l'humiliation face à ce résultat désastreux et souffrait du malaise de ses filles. Elle s'aperçut qu'elles attendaient les week-ends avec impatience, afin de se sauver chez leur père. Sophie parlait avec enthousiasme de l'accueil de celui-ci et même de son chien qui, disait-elle, était maintenant comme son propre chien. Elle laissait ses vêtements et ses affaires personnelles chez lui. Et quand il proposa à Sophie et à Martine d'aller habiter avec lui, Anne-Marie se sentit menacée par ce discret chantage émotif.

Elles reprirent pourtant l'habitude de sortir à trois et s'échappèrent de plus en plus souvent de la maison, pour se sentir à nouveau «exister par elles-mêmes».

Quant à Nathalie et Olivier, ils en avaient assez des «petites filles modèles Harvey». Face à elles, ils ressentaient dorénavant un malaise, mais la solution à ce problème continuait de leur échapper. Leurs loisirs étaient si différents des leurs. Avec les copains, ils profitaient, selon leur propre expression, «du moment sacré de vivre ce qu'on est». Cigarettes, alcool et discussions. Alors que les petites filles modèles étudiaient assidûment, se couchaient tôt et suivaient les directives des parents. Pourquoi? Parce que c'était comme ça. Elles ne remettaient pas en question ce qu'on leur avait enseigné.

Il y eut forcément de nombreux accrochages entre Jean et Anne-Marie. La chambre conjugale n'était plus ce lieu douillet où ils avaient l'habitude de se ressourcer. Quand les dissensions éclataient entre eux, Jean disait qu'il ne fallait pas couper les cheveux en quatre et mettre le bonheur en péril à cause de quelques contrariétés domestiques. Anne-Marie croyait devoir changer des choses, mais ne savait comment obtenir le soutien de Jean.

Désormais, il y eut deux clans dans la maison, chacun s'efforçant de sauver les apparences. Ainsi, ils niaient tous l'étrange sentiment de non-appartenance qui «flottait» dorénavant dans la belle maison de la rue Sherbrooke. Jean se mit à réfléchir aux propos d'Anne-Marie sur leurs discordes familiales. Au fond de lui-même, il savait bien qu'elle n'était pas responsable de la défection de ses enfants, mais il aurait souhaité qu'elle utilise une baguette magique pour lier la sauce. Jean n'aimait pas faire face à ce genre de difficultés. Elles lui rappelaient des épisodes désagréables de sa vie, auxquels il préférait ne pas penser. Il tenta de réunir la famille en les amenant tous au restaurant ou au cinéma. Mais les clans résistaient à toute tentative de réunification. Ainsi, au restaurant, une ligne imaginaire séparait la table en deux. Si les Perreault parlaient entre eux, les Harvey devenaient spectateurs. Pour donner le change, eux faisaient de même à leur tour. «Que c'était donc agréable!» s'exclamaient-ils à la sortie. Ils pensaient ainsi sauver la face, surtout Anne-Marie qui se sentait profondément blessée et se croyait l'unique responsable de la situation.

Hostilités

Mais cette manière d'être, au contraire, accentua les différences. Les enfants commencèrent à rejeter systématiquement les goûts et les habitudes les uns des autres. Sophie buvait du jus d'orange, Nathalie du jus de framboise; Martine du lait, Olivier du jus de pêche. Dans la corvée des lunchs, chacun s'empressait de multiplier, à n'en plus finir, les condiments et même les variétés de pain. Lorsque Anne-Marie préparait une salade, un des Perreault, mine de rien, y rajoutait des câpres, des artichauts, tout ce qui lui tombait sous la main. L'opération inverse se faisait aussi. Avant de manger la salade de Nathalie, Sophie et Martine en retiraient la plupart des ingrédients!

Anne-Marie «fondait» maintenant devant ses filles, sous prétexte de douceur. Par contre, avec Nathalie et Olivier, elle adoptait un ton impersonnel et sans chaleur qui les blessait. Mais il y avait longtemps qu'Anne-Marie avait cessé de trouver charmants ces enfants gâtés. Elle les considérait cent fois plus habiles qu'elle-même et ses filles dans les négociations de pouvoir. Toutefois, l'entente entre Jean, Martine et Sophie demeurait cordiale. Anne-Marie les enviait de cette complicité, se sentant elle-même si impuissante à communiquer avec les enfants de Jean. «Trop de choses me blessent», se disait-elle secrètement. Ainsi, elle se demandait pourquoi, dans la maison, c'était toujours sa vaisselle ou ses objets préférés qui se brisaient ou disparaissaient en premier lieu. Quand elle en parlait à Jean, il lui répondait que cela était très certainement dû au hasard... «Mais alors, se répétait Anne-Marie, pourquoi jamais ses choses à lui?»

La situation empira jusqu'au jour où Nathalie, pour célébrer ses seize ans, donna une partie à la maison. Le lendemain matin, les Harvey s'arrachaient les cheveux. L'héroïne de la fête était déjà disparue chez une amie, pour le week-end, emportant avec elle ses promesses non tenues de réparer les dégâts... Les vestiges de la soirée s'étalaient du salon à la salle à manger et de la salle à manger à la cuisine.

Cette fois, Anne-Marie se sentit prise au piège. De toute façon, quand il s'agissait de sa fille, Jean ne voyait plus rien. Il cherchait à excuser ses gaffes, il rationalisait... Durcissant ses positions, Anne-Marie commença à songer à mettre un terme à leur relation. Pourtant, se demandait-elle, en agissant de la sorte, ne s'éloignerait-elle pas du chemin qu'elle s'était tracé? Elle avait désiré établir une relation harmonieuse avec Jean et c'était le froid qui s'installait entre eux. Elle avait tenté de s'ouvrir aux enfants de l'homme qu'elle aimait, elle en perdait la confiance de ses filles. Le chaos s'installait parmi eux. Que faire, que dire, quoi penser?

Un guide intérieur

Quelque chose devait arriver. Anne-Marie fit une lecture qui l'impressionna fortement. L'auteur du livre y traitait de la façon de percevoir les gens dans leur totalité. Voir le divin chez les autres était la façon la plus efficace de résoudre les conflits, parce que, affirmait-il, de cette manière on ne pouvait pas tricher. Si, dans l'approche des êtres et des événements, on réservait une part unique à l'amour, on pouvait difficilement continuer à projeter sa rancune et ses frustrations. Il devenait, semble-t-il, plus facile de voir la beauté intérieure des gens. Mais comment passer l'éponge sur les choses qui nous blessent? se demandait Anne-Marie. Elle finit par se dire qu'elle essaierait d'amorcer un changement à l'intérieur d'elle-même. Peut-être l'extérieur se manifesterait-il ensuite?

Anne-Marie commença à voir sa famille comme un tout dans son cœur. Un tout qu'elle entoura d'un halo de lumière. Elle avait foi en l'idée que chacun possède une dimension parfaite à la source de son être. C'est à cette dimension, chez les autres, qu'elle décida de s'adresser. Elle résolut d'exprimer ses sentiments réels, tout en ayant à cœur de garder, en même temps, une vision lumineuse de la personne à qui elle s'adressait.

Une méthode exigeante

Ce ne fut pas facile car elle découvrit ses propres résistances. Mais elle persista. Arrivée au bout d'un quai, se disait-elle, on entrevoit deux solutions: retourner d'où on vient ou plonger. Elle plongea dans la lumière. Cet exercice eut l'avantage de la libérer de ses appréhensions face aux membres de sa famille, ainsi que de ses émotions négatives. Le matin, elle commençait déjà, avec les enfants, son dialogue intérieur, avant même de descendre à la cuisine. Elle leur disait des choses simples et vraies. Et ce qu'elle disait, au fond, n'avait pas vraiment d'importance. Dorénavant, l'important à ses yeux était de ressentir l'Amour. Quand elle pensait à la cuisine, elle voyait d'abord la pièce propre et en ordre, comme elle-même était ordonnée! Plutôt que de continuer une guerre entreprise à coups de ressentiment, elle ferait face à la guerre avec l'arme de l'amour...

Petit à petit, il se produisit des changements dans les relations qu'entretenait Anne-Marie avec les autres. Ses tensions étaient moins vives et elle pouvait maintenant s'exprimer sans animosité. Certains reproches, à l'égard de la famille, qui demeuraient vifs en elle depuis longtemps, s'évanouirent peu à peu au cours de ses méditations. Elle avait l'impression de recommencer à neuf. Tout en continuant de noter les travers et de les corriger, elle ne se sentait plus étouffée par sa rancune envers l'un ou l'autre. Elle se sentit même libérée de ses propres insatisfactions.

Évidemment, tout ne devint pas parfait du jour au lendemain. Les piles d'assiettes sales baissaient, cependant. Un certain ébranlement se laissait également deviner dans chacun des clans, mais il restait encore un long chemin à parcourir.

Olivier, sans trop savoir ce qui se passait, avait soudainement envie de protéger Anne-Marie. Une image de chevalier servant s'était animée en lui. Nathalie, pour sa part, vivait un déchirement. Elle se sentait trahie par son père, elle qui avait toujours occupé la première place dans son cœur. Inconsciemment, elle poussait Anne-Marie dans ses derniers retranchements, recherchant à l'extrême l'approbation et le soutien de son père. Et en même temps, sans pouvoir s'en expliquer la cause, elle ressentait à la fois un malaise et un attrait devant la nouvelle Anne-Marie. Un nouveau mystère dans le regard et la voix de celle-ci arrêtait Nathalie dans ses impulsions querelleuses. Mais elle résistait de plus belle, en continuant à faire à sa tête.

Les filles de «l'autre clan» retrouvaient leur mère telle qu'elles la connaissaient réellement. Sophie, qui venait d'avoir quatorze ans et qui cherchait sa nouvelle identité, recommença à lui faire des confidences. Quant à Martine, elle avait patiemment attendu, comme assise au bord d'un précipice, que les choses se tassent un peu.

Jean remarqua le changement chez sa compagne. Elle était redevenue «son» Anne-Marie du début de leurs amours. Il se rapprocha d'elle. Anne-Marie en profita pour lui expliquer qu'elle avait besoin de lui pour aimer ses enfants et les conquérir. Elle lui demanda de lui faire une place dans le cœur de Nathalie et d'Olivier. Elle désirait qu'ils fassent front commun, tous les deux. Sinon, elle partirait car elle se rendait compte que rien de bon ne germerait sans son aide. Dans leur relation, les enfants restaient la part la plus difficile à partager.

Évolution

Avec simplicité, Jean dit à ses enfants ce qu'il pensait de la situation. Qu'il fallait la considérer non pas comme une compétition, mais plutôt comme une expérience nouvelle. Leur famille, c'était, par définition, un lieu d'appartenance, un endroit où ils trouveraient toujours un soutien inconditionnel. Sans renier leur entente particulière, ils essaieraient, tous les trois, d'aller plus loin, en s'incorporant à plus grand que leur petite cellule. Jean leur expliqua que la première responsabilité d'un individu était de créer l'unité avec soi-même. Si cet individu décidait par la suite de s'intégrer à un groupe comme eux l'avaient fait, il lui fallait travailler au bien-être de ce groupe et non contre lui. «Comme quelqu'un qui travaille dans une entreprise, ajouta-t-il à titre d'exemple, souhaite sincèrement que cette entreprise prenne de l'expansion, puisque lui-même en profitera d'une manière ou d'une autre.» Mais pour atteindre ce but, encore fallait-il s'engager personnellement et prendre à cœur ses responsabilités. Nathalie et Olivier accepteraient-ils de l'aider dans cette tâche, dans sa conquête du bonheur?

Nathalie et Olivier dirent: «Oui!» C'était bien de leur part, les assura leur père, mais ce n'était qu'un début. Ils travailleraient tous ensemble à établir une certaine discipline. Il s'agirait également d'accepter de faire des concessions et de respecter les valeurs du groupe. Puis, Jean rassura ses enfants: il ne les aimait pas moins maintenant parce qu'il aimait aussi Martine et Sophie, et leur mère. Au contraire, leur dit-il, l'amour pouvait les unir davantage. Seule la mesquinerie les diviserait.

De son côté, Anne-Marie s'était entretenue avec Sophie et Martine. Entre autres choses, elle leur avait dit qu'elle était consciente qu'en décidant d'emménager avec Jean, elle avait bousculé leur existence, mais ne croyaient-elles pas qu'il y avait finalement une bonne leçon à tirer de cette expérience? N'étaient-elles pas devenues plus fortes? Mais Anne-Marie parla aussi de la «différence»: accueillir ce qui est étranger, s'enrichir de ce qui est bon en l'autre et laisser de côté ce qui ne convient pas. Ne pas aimer uniquement nos «copies conformes». Apprendre à voir avec les yeux du cœur, comme le disait *le petit prince*. Ses filles, conclut-elle, devaient apprendre à «risquer» de dire aux autres membres de la famille ce qui les dérangeait, non pas sous forme d'accusations, mais en exprimant leurs sentiments réels. «Puis, ajouta leur mère, on laisse l'autre libre de décider de sa propre réaction. On ne prend pas sur nos épaules la responsabilité qui lui incombe.»

Les trois parlèrent aussi de la communication. L'expérience qu'elles venaient de vivre avec la famille Perreault leur avait appris qu'il ne s'agissait pas de communiquer avec les gens uniquement quand les choses allaient bien. Ce qui n'allait pas devait aussi être dit. S'étant mises d'accord sur le principe que tout groupe familial est une image de la société, chacune se mit à considérer différemment son rôle à l'intérieur de leur petite cellule.

Un cœur, une famille

Et voilà que tout alla mieux. Le vent boudeur des malentendus s'était changé en une brise qui chassait les nuages. De nouvelles graines étaient semées, les fruits viendraient plus tard. Jean et Anne-Marie eurent maintes occasions de montrer qu'ils se tenaient maintenant «ensemble». Parce que le problème qui avait été à la base de la formation des clans avait surgi, en premier lieu, de leur manque d'unité en tant que couple. Ce ne fut pas facile. Mais c'était captivant. Chaque jour, tout était à recommencer. Rien n'était jamais acquis. Comme l'amour ne se conquiert pas en une seule fois et possède mille facettes, ils durent veiller sans cesse à l'équilibre, au maintien d'une discipline souple, du partage et du respect des autres. «Une famille, disait Jean, c'est comme un gouvernement. Il faut établir un bon programme et bien le gérer.» Ils refirent des projets en commun et passèrent beaucoup de temps tous ensemble.

La saison des récoltes

Au fil des années, chez nos amis, les personnes et les choses se sont transformées. Sophie est devenue une belle jeune fille de 18 ans, ouverte et rieuse, elle qui était si souvent nostalgique. Elle réussit très bien dans ses études et veut devenir psychologue. C'est avec Olivier, son demi-frère, comme elle aime l'appeler affectueusement, qu'elle entretient la plus grande complicité.

Olivier, aîné de Sophie d'à peine quelques mois, est lui aussi beau et rieur. D'un caractère généreux, il se dirige vers les communications. Jean est très fier de lui et croit que c'est effectivement sa voie. Martine, «le bébé», est à la fois douce et lumi-

161

neuse, ce qui ne l'empêche pas de jouer les filles fortes et de discuter logique avec Jean. Elle aimerait se spécialiser en informatique. Nathalie, toute proche de ses 21 ans, vit le grand amour avec un bel Adonis. À la surprise de Jean, elle s'est révélée plus ambitieuse que son frère, du moins dans ses études! Elle termine une licence en économie et s'engage toujours avec la même passion dans de multiples activités. Elle et Anne-Marie entretiennent des liens cordiaux, sans plus, mais elles se respectent mutuellement. Par ailleurs, Nathalie s'entend très bien avec Martine qui admire depuis qu'elle la connaît «la belle fille aux mèches vertes» de l'époque.

Quant à Jean et sa fée... ils s'aiment toujours. Mais ils savent que l'amour n'est jamais acquis, qu'on doit le nourrir sans cesse. À chaque instant.

QU'EST MON «PETIT PRINCE» DEVENU?

Louise Barbeau

Louise et Guy avaient formé une famille. Une vraie famille dont la vie s'écoulait, douce et chantante comme la source claire courant dans le bois avoisinant leur demeure, parmi les roches et les souches, au gré du vent. La sécheresse des fins d'été et les durs froids de l'hiver leur importaient peu. Ils participaient aux cycles de la nature, les sachant indispensables au ressourcement de la terre et aux résurrections printanières. Dans ce décor champêtre exceptionnel, tendre et aimant était leur amour, au milieu d'un réseau de relations humaines dynamiques et remplies de ressources.

Ce temps n'est plus. Guy est disparu de cet horizon terrestre. Les problèmes de leur fils, Jean-François, qu'ils vivaient à deux, sont maintenant assumés par Louise seule. Disparu, son compagnon de vie qui partageait tout avec elle. Des temps ont passé, d'autres naissent. Toutefois, elle sent toujours la présence de Guy, différente mais réelle.

Seule avec son fils handicapé, Louise adopte de multiples rôles au gré des jours et des situations. À un point qu'elle essaie de reléguer dans l'ombre son rôle premier de mère, vital pour son fils. À 54 ans, ne sachant plus qui elle est, Louise aspire à se créer un nouvel espace personnel. Ne serait-il pas dans l'ordre des choses qu'à cet âge elle soit libérée de charge d'enfant? «Plus je cherche à couper le cordon, plus mon fils s'accroche.» Ce témoignage, devenu prétexte à une intense réflexion sur sa vie actuelle, et grâce auquel elle a dû apporter une attention accrue aux réactions de son fils, lui a permis de prendre conscience avec une acuité nouvelle de la lourdeur de sa charge.

Voilà comment les chemins de Dieu révèlent des surprises! Selon Louise, Il l'attendait à l'ombre de multiples détours pour lui indiquer à nouveau sa route.

Veuve depuis trois ans, Louise se sent riche d'une longue expérience de vie. Son fils, quant à lui, entreprend sa vingtième année de lutte avec cette même vie. Chargée de pastorale dans une école primaire, Louise travaille avec des enfants de cours réguliers et des enfants avec troubles d'apprentissage et affectifs.

Sa vie de couple a duré 21 ans. Parfois, à l'horizon, se sont dessinés quelques nuages et averses qui rafraîchissaient le climat, puis est survenu un orage de cinq années, au souffle dévastateur. Mais l'amitié qui unissait les époux fut plus forte que la tempête. «J'ai épousé Guy à 29 ans, il en avait 45. La différence d'âge ne fut jamais un problème entre nous. Peut-être l'aurait-elle été en vieillissant?» Par contre, Louise croit que son fils aurait eu besoin d'un père plus sportif qui aurait joué davantage avec lui. Mais Guy compensait cette lacune par la patience, la compréhension, le dialogue. De même qu'il transmit à son fils le goût de la nature.

Bien avant qu'ils n'accèdent à une autre dimension sur le plan intime, Louise et Guy partagèrent amicalement une expérience exceptionnelle de sept ans, au sein d'une équipe diocésaine, dans le milieu de l'Action catholique. Cette activité commune favorisa l'appréciation réciproque de leur personnalité. Au cours de ces années, Louise, sans savoir ce que le destin lui réservait, put découvrir et admirer la pensée de cet homme, sa vision des choses, son approche des jeunes, sa lucidité et son souci de vérité.

Comme elle le dit elle-même: «Mon expérience en action catholique fut une expérience d'Église-communion bien avant Vatican II. Le rôle des laïcs dans l'Église allait de soi, nous prenions notre place sans nous égarer dans le jargon théologique, mais en cherchant comment lire la Parole, comment l'actualiser dans la culture de notre temps en regard du travail étudiant, de la politique, des loisirs. De plus, nous étions soutenus par des aumôniers d'avant-garde, en recherche de Dieu et de sa présence agissante.»

Puis, à la fin de ses études en catéchèse, Louise enseigna quelques années. À ce point du récit de Louise et Guy, précisons un détail crucial dans leur histoire: Guy était prêtre. Après ce passage en action catholique, il accepta donc d'autres responsabilités diocésaines, s'impliqua dans la mise en œuvre de l'esprit de Vatican II avec une équipe de collaborateurs de son évêque. Puis, à l'étonnement de tous, il entreprit sa démarche de laïcisation. La surprise de Louise fut d'autant plus grande que jamais il n'avait laissé soupçonner une remise en question de sa vocation. Après que Rome l'eut relevé de ses fonctions sacerdotales, Guy enseigna deux ans. Au cours de ces deux ans, Louise et lui se retrouvèrent et à la suite d'une période de fréquentation, ils décidèrent de s'unir pour la vie.

«Mon mari fut un compagnon de route très respectueux de mon cheminement et de ma liberté. En 21 ans de mariage, je ne me suis jamais sentie brimée, pas plus dans mes idées ou dans mes comportements que dans ma vision des choses. Nous avions partagé ce respect de la liberté individuelle dès le début de notre relation. Notre vision de Dieu et du monde, dans la foi en Jésus ressuscité, le Vivant agissant parmi nous, avec nous et par nous, était la base de notre credo. À nos derniers adieux, monta en moi un sentiment de gratitude, d'amour et d'affection en regard de cette croissance à deux. Aujourd'hui, je peux me dire en guise de consolation que cette étape de croissance entreprise avec Guy m'avait déjà entraînée à une forme d'autonomie intérieure, nécessaire à toute solitude véritablement assumée. Car la libération qu'apporte la foi est accompagnée d'une petite sœur: la solitude intérieure apprivoisée. Aux grands tournants de notre vie, on prend seul les décisions.

De plus, le mari de Louise lui laissa en consolation un testament spirituel dont ces quelques extraits démontrent la profondeur de la foi qui l'animait:

> Pour moi, le fondement de la foi, c'est la joie de vivre qui s'exprime dans l'action de grâces et se change en espérance devant la fin d'un mode de vie. J'ai tenté, au cours de ma vie, de jouir des dons de Dieu, de mes talents, de la nature. Même quand il fallait travailler pour y parvenir. Je crois y être parvenu, douloureusement, mais quand même dans la sérénité.

> Que Dieu soit remercié de tout: la famille où j'ai grandi, les études que j'ai pu réaliser, les milieux où j'ai travaillé, l'amour de Louise et de Jean-François, le respect et l'amitié de mon entourage, les splendeurs d'une nature dont on ne se lasse pas.

> Tout cela est grâce. Je quitte ces dons de Dieu pour retrouver un autre mode de vie, encore plus épanoui, où je vous attendrai. C'est là mon espérance.

> Que mes funérailles aient une teinte marquée de joie de vivre, d'action de grâces. Une célébration n'est jamais triste. Ce n'est pas moi que l'on fête en retenant des larmes, mais le Seigneur présent à toutes nos démarches. J'ai essayé de faire de ma mort un geste conscient d'adulte. Que le Seigneur en soit remercié...

L'adoption et l'épreuve

En 1971, peu de temps après leur mariage, Louise fut hospitalisée et durant quinze jours, elle se trouva entre la vie et la mort. On voulait lui faire une hystérectomie totale parce que l'éclatement d'un kyste sur les ovaires avait endommagé les organes et causé une péritonite. Comme le désir de Louise d'avoir un enfant était plus fort que tout, le médecin lui conserva un ovaire mais ne laissa au couple que peu d'espoir. Avec raison, car cinq ans plus tard, Louise dut «passer au bistouri». Cependant, dès 1972, son mari et elle avaient entrepris des démarches en vue d'une adoption.

Déjà, à cette époque, la période d'attente pour adopter un enfant dépassait les limites du raisonnable. Guy était de plus en plus hésitant vu son âge. «Je serai à la retraite et j'aurai un adolescent à ma charge», disait-il. Mais en 1978, au retour d'un voyage en Gaspésie, un petit Jean-François de quinze jours les attendait.

Neuf années de mariage sans enfants développent insidieusement des habitudes égocentriques. Chemin faisant avec leur fils, ils approfondirent le sens de la gratuité, de la confiance, de l'amour et de la tendresse. Quand Jean-François eut 18 mois, ils se rendirent compte que leur fils souffrait de handicaps sérieux, jusqu'alors absolument imprévisibles. Se fit alors en eux un cheminement d'acceptation inconditionnelle de l'autre, indispensable à la croissance de tout être et d'autant plus d'un enfant handicapé.

«C'est alors qu'ont débuté les attentes chez les spécialistes et dans les hôpitaux. Un quart de ma vie s'est passé à jouer avec Jean-François dans ces salles d'attente. Ce furent des moments intimes avec lui. Heureusement, il était un enfant doux, patient, toujours souriant. Tout s'est gâté avec son entrée à l'école.»

Retrouver ses racines

Lorsque Guy prit sa retraite, ils revinrent dans leur région natale. Plusieurs facteurs les avaient influencés dans cette décision, tels le désir d'un retour aux sources à leur retraite de même que la vente de leur maison, histoire de se libérer d'une lourde hypothèque. De plus, Jean-François stagnait dans une classe spéciale qui ne répondait pas à ses besoins d'apprentissage. Louise et Guy espéraient trouver un milieu où les services seraient plus adéquats.

Mais il leur fallut, évidemment, entreprendre maintes démarches auprès des services scolaires et même s'impliquer dans divers comités d'école, afin d'ouvrir plus facilement des portes.

«Avec le temps qui passait, la famille prenait un sens particulier dans notre vie. Nous désirions nous rapprocher de nos familles respectives. En ce sens, le regard sur le passé permet de lire les signes de la présence de Dieu dans nos vies. En effet, quel réconfort que le soutien de la famille! surtout après la mort de Guy!

«Nous espérions, Guy et moi, que le passage de la campagne à la ville faciliterait la socialisation de notre fils. Il avait alors douze ans. Il nous reproche encore ce déracinement. Puisque, déjà à cet âge, il vivait replié sur lui-même, nous n'aurions pu prévoir sa réaction.» Et Louise d'ajouter que Jean-François enjolive le passé, restant accroché à son enfance comme quelqu'un qui ne veut pas grandir.

Pour nous aider à comprendre Jean-François et les émotions qu'il provoque chez sa mère en termes de défis, de joies, de malentendus, de même que ses reculs tout autant que ses «bonds en avant», celle-ci nous présente un extrait de la plus récente évaluation orthopédagogique et psychologique à laquelle il s'est prêté en 1987, lors du retour avec son mari dans leur milieu d'origine.

(...) Jean-François est un garçon qui souffre de dyslexie et de dysorthographie. (...) Il affiche le rendement d'un garçon d'environ huit ans alors qu'il en a présentement quatorze. C'est un garçon qui est incapable d'offrir une performance plus ou moins acceptable en lecture et en orthographe. En fait, pour lui, tout ce qui touche ces notions n'est que confusion, inversion, substitution, omission et incompréhension.

(...) De plus, l'on constate un manque fonctionnel évident sur le plan auditif (...), qui affecte la compréhension des consignes verbales et leur interprétation. On remarque alors une certaine lenteur qui se manifeste par une mise en train lente que le garçon cherche à cacher en faisant le cabotin ou en refusant de s'essayer.

Le garçon manque en général de maturité. Ce manque semble directement relié au sentiment d'échec constant qui l'habite. Il fait semblant de ne pas être intéressé et de se moquer de ce qui lui arrive mais on voit par son attitude que la réussite de certaines épreuves est importante pour lui. Il éprouve de la difficulté à tolérer la frustration reliée à l'échec et il lui arrive de manquer de persévérance et d'abandonner rapidement.

À la lecture de ces notes, nous pouvons imaginer facilement les difficultés d'intégration sociale et scolaire de Jean-François. À cette évocation, Louise sent monter en elle toute la frustration accumulée. Elle se remémore les luttes et les démarches entreprises depuis les quinze années où elle a tenté d'aider son fils à prendre sa place au soleil.

Jean-Francois, stagiaire

Jean-François fréquente l'école secondaire; il est classé dans un groupe «école/alternance-travail», participant ainsi à une expérience pilote; un des préalables de ce secteur est d'avoir réussi son secondaire III et pourtant, le fils de Louise, à l'instar de quelques autres du groupe, est classé au niveau d'une quatrième année primaire; aucun d'eux ne recevra de diplôme, mais tous profitent de stages en milieu de travail, leur permettant d'acquérir des habiletés et d'avoir ainsi quelques chances supplémentaires de trouver du travail, par exemple comme aide-manœuvre, plutôt que de «traîner dans les rues» ou de s'abrutir devant la télévision.

Depuis l'âge de 11 ans, Jean-François a dû refaire, année après année, ses apprentissages académiques de troisième année en français et de quatrième année en mathématiques. Son intelligence comprend sur le moment, mais sa mémoire n'enregistre pas les données. «C'est un miracle, après tant d'années, qu'il n'ait pas encore décroché!» s'exclame sa mère.

Et Louise de raconter que depuis deux ans, il est donc stagiaire dans une petite PME familiale. Il y apprend le métier de réparateur de bicyclettes, trois jours par semaine; les deux autres jours, il est à l'école où il fait de la récupération de papier. En principe, il devrait poursuivre l'apprentissage scolaire à son niveau, «mais sa motivation pour le travail académique est au degré zéro!» de poursuivre sa mère.

Par contre, s'il est confronté à une situation d'apprentissage concret, il s'affirme et fait la démarche pour trouver une réponse. À titre d'exemple, disons que son patron essaie depuis quelque temps de lui apprendre comment rédiger une facture. Son professeur intégrera, si possible, cette nouvelle notion dans ses prochains cours de mathématiques pratiques. Mais ce cours a lieu le mercredi et Jean-François est en stage ce jour-là. Comment concilier le besoin de Jean-François avec les besoins de son groupe et la gestion du partage de tâches des enseignants?

Toutefois, il se sent très heureux dans son milieu de stage et, semble-t-il, il s'entend merveilleusement bien avec son patron! Les deux «mangent de la bicyclette, nous dit Louise en riant. Moi, je pense qu'il est quelque peu exploité parce qu'il ne reçoit aucun salaire.»

La situation préoccupe Louise à plusieurs points de vue: Normalement, un stage dans le cadre «école alternance-travail» dure six mois au même endroit à raison de deux jours semaine; dans ce cadre, le stagiaire ne reçoit aucun salaire et les parents ne doivent pas communiquer directement avec l'employeur. La situation de Jean-François est ambiguë car il a été pris comme stagiaire à raison de trois jours semaine, et ce, sur insistance de sa part. Prenant en considération son statut imprécis, ses limites, et surtout son enthousiasme pour ce type de travail qui le motive pour tout le reste, l'école a accepté cet arrangement.

Louise raconte qu'il lui arrive d'être tentée de transgresser la norme. À son avis, Jean-François est plus qu'un stagiaire. Il est en effet présent à l'entreprise aux heures d'ouverture régulières ainsi que pendant les congés pédagogiques, alors que normalement, les stagiaires sont tenus d'être présents suivant l'horaire du calendrier scolaire. De plus, cette année, il est parfois seul à l'atelier en l'absence du patron. Par contre, Louise note que cette situation lui a permis de prendre confiance en lui et de développer une ouverture d'esprit face à la société. Sa motivation à l'école est également meilleure.

Au début de cette expérience, Louise décida donc de laisser passer le temps et attendit les événements avant de réagir. C'était une bonne intuition, et tandis qu'elle en était encore à se questionner sur l'attitude à adopter face à ce qu'elle considérait plus ou moins comme de l'exploitation, Jean-François, rayonnant, lui annonça que son patron voulait l'engager pour la saison d'été. Elle se réjouit avec lui, mais forte de l'expérience de l'été d'avant, elle eut «mal à son cœur et à sa patience» au souvenir des sentiments de rejet, d'incompréhension, de frustration, de détresse et d'agressivité alors vécus par son fils lorsqu'à pareille époque son patron lui avait justement laissé espérer un éventuel engagement. Le découragement de Jean-François, lorsqu'il apprit que quelqu'un d'autre avait été engagé, fut très difficile à vivre. «Tout l'été fut pénible», de se rappeler Louise. Cette fois-ci, elle mit donc «un bémol aux réjouissances».

Ceci n'est qu'un exemple de multiples situations que doit affronter Louise, maintenant seule avec un fils qui grandit lourdement handicapé. Elle se demande parfois avec désespoir comment encourager Jean-François à persévérer et en même temps comment le rendre réaliste face aux aléas de la vie.

Comment l'encourager, à la fois à vivre avec son handicap, à vivre tout simplement et à garder confiance en lui?

Dans le cœur de Louise, résonne alors le «nous» du temps de Guy... Parfois, elle parle encore comme s'ils étaient deux. «Guy est présent, dit-elle, mais sous un autre mode. Et parfois, dans la conversation, je reviens malgré moi à ce "nous".»

Sur le vif

Louise écrit. Jean-François se fâche parce qu'elle refuse de téléphoner à sa place. Elle refuse parce qu'il est capable de le faire. Il veut emprunter la caméra de son oncle. «Je ne sais pas comment le lui demander. Il va refuser... appelle, toi!» lui dit Jean-François d'un ton suppliant. Plusieurs fois il revient à la charge. Dès sa première demande, Louise lui a expliqué la raison de son refus et elle continue à travailler. Quinze minutes s'écoulent. Le ton du garçon monte, la couleur des mots s'assombrit: «B... je vais tout m'embrouiller et raccrocher le téléphone sans lui avoir demandé. Pourquoi tu m'aides pas?» S'ensuit une période de chantage.

Louise passe alors par toute une gamme de sentiments: essai d'indifférence, impatience, puis exaspération... «Le fait que j'écrive et que je nous observe mutuellement m'aide à prendre du recul, à libérer mes émotions. Je respire profondément... Seigneur aide-moi, aide Jean-François... Guy es-tu là?»

Non pas que Jean-François ne sache se servir du téléphone! Il téléphone souvent à quelqu'un de la parenté, oncle ou tante, pour obtenir un renseignement, faire un emprunt, etc. Son état d'esprit actuel est le résultat direct d'un petit incident qui s'est produit, il y a une heure, lorsque son autre tante a refusé de lui prêter sa caméra, pour des motifs qui ne le concernent absolument pas. Mais Jean-François s'est imaginé qu'elle n'avait pas assez confiance en lui. Louise a essayé d'interpréter avec lui le refus de Monique. Il semblait avoir assimilé l'expérience, mais elle s'est rapidement rendu compte que son fils en a fait, une fois de plus, un affront personnel. D'ici quelques minutes, il se calmera, bougonnera, mais finalement téléphonera à son oncle. «Il se sentira alors tout fier de lui, comme s'il venait de faire la découverte du siècle, nous dit Louise, comme s'il avait accompli une performance extraordinaire... jusqu'au prochain pépin.»

Un cadeau empoisonné

Voici une dernière anecdote qui décrit assez bien l'atmosphère de la vie quotidienne de Louise avec son fils. On y découvre l'énorme dose de patience dont elle a besoin pour composer avec la faiblesse de discernement de celui-ci, avec son jugement radical et sa difficulté à faire des compromis.

Qu'était-ce donc que ce cadeau empoisonné? Au Salon de l'auto 1992, Jean-François fut l'heureux gagnant d'une Toyota MR2. Déjà, une première réalité s'imposait à Louise: elle ne pouvait assumer financièrement l'entretien de cette voiture sport, grand luxe. Essayez de convaincre un adolescent de dix-huit ans, gagnant d'une auto «super» performante, qu'il serait préférable de vendre cette auto! Pendant cette période d'euphorie, Jean-

François devint une vedette à l'école. Il se retrouva brusquement entouré de professeurs, d'amis, filles et garçons, qui ne l'avaient jamais remarqué auparavant. On lui donna également des tas de conseils contradictoires. Bref, les six mois d'attente de livraison de ce «cadeau empoisonné» se résumèrent à six mois de discussions, de remise en question quant à la meilleure décision à prendre, et à de multiples mises au point entre sa mère et lui.

Une fois assumée par son fils la décision de vendre l'auto, un autre défi attendait Louise et non le moindre: la gérance de l'argent. Avec la complicité de son frère comptable, elle fit comprendre à Jean-François les avantages qu'il y aurait à placer cet argent pour son avenir. Elle lui concéderait toutefois une certaine somme d'argent afin qu'il puisse connaître le plaisir de s'accorder quelques fantaisies bien légitimes. «Dans les périodes de colère et de frustration pendant lesquelles il se défoulait, j'ai eu droit à toutes sortes d'accusations de sa part: je voulais prendre son argent, c'était injuste car cet argent était à lui. "Je suis riche maintenant, disait-il, je n'aurai pas besoin de travailler", et autres arguments semblables.»

Et Louise raconte que le même scénario se répète maintenant aux six mois, à la réception des intérêts. Trois mois à l'avance, il a déjà dépensé sur papier deux à trois fois le montant à recevoir. Louise doit reprendre la négociation. Elle sait bien que la voie de la facilité serait d'imposer sa volonté, de décider à sa place. Mais elle est bien consciente aussi que par ce «processus de négociation» avec elle, Jean-François apprend à faire des compromis, de vrais compromis. Il fait des efforts pour se discipliner et éviter de remettre en question une décision prise à deux. Il essaie d'établir des priorités d'achat. Il apprend à faire confiance aux autres, ce qu'il trouve très difficile.

C'est en traitant avec lui, en tant que personne capable d'évolution, de réflexion et même de décision, que ses parents ont aidé Jean-François à repousser ses limites. Louise rapporte l'opinion émise par un psychiatre, à savoir que si Jean-François n'avait pu profiter du soutien d'une famille comme la sienne, à l'heure actuelle, il serait probablement en institution pour troubles de comportement.

La famille et les amis

Depuis le départ de Guy, le réseau de soutien le plus précieux pour Louise a été la famille. Elle croit que sans la collaboration de chaque membre de sa famille, ses relations avec son fils se seraient détériorées par essoufflement de sa part, et par isolement du côté de Jean-François.

Aînée d'une famille de huit enfants, Louise a perdu son père à l'âge de douze ans. Elle relate que sa mère, femme forte de sa foi en Dieu, d'une santé relativement bonne mais qui ne pouvait profiter d'aucun soutien financier, a réussi par une sorte d'osmose et avec l'encouragement moral de sa propre famille à inculquer à ses enfants la joie du devoir accompli, la foi, le sens de la solidarité, de la justice et du partage. Les membres de la famille de Louise étant toujours très unis, toutes les occasions sont bonnes pour eux de se rencontrer et de partager les événements heureux ou malheureux de leur vie, ne serait-ce que sous prétexte d'un repas à la bonne franquette.

La famille représente donc un milieu privilégié pour elle et Jean-François, car son fils vit une grande complicité avec les frères et sœurs de sa mère. Au besoin, il y est également confronté, ce qu'il accepte mieux venant d'eux que de Louise, comme tout adolescent qui veut voler de ses propres ailes et ne sait comment rompre le cordon. Par contre, ses oncles et tantes lui rappellent souvent ses responsabilités, peut-être un peu trop parfois. Car Jean-François est très sensible, il fait des efforts pour répondre à l'image qu'on perçoit de lui et en même temps il ne peut persévérer longtemps dans une attitude. Lorsqu'il doit affronter un problème, il somatise. Ou encore, il se «prend pour un autre» et se déclare protecteur de sa mère: son mari, son égal. Dans ce contexte, la famille devient pour lui une soupape, une occasion de dédramatiser les situations, en les relativisant. Louise peut ainsi profiter d'oasis de solitude et de repos qui l'aident à se ressourcer intérieurement.

Pendant les vacances d'été, tous se retrouvent souvent, durant les fins de semaine, au chalet de la sœur Claire et de son mari. Lieu ouvert, accueillant, chaleureux où Jean-François est toujours reçu à bras ouverts. Ils savent le mettre en confiance. Se sentant accepté d'eux, Jean-François reste réceptif à leur influence.

Il se sent bien aussi chez Monique, une autre sœur de sa mère. Il aime se retrouver avec les enfants de celle-ci, les inviter à la maison et jouer des heures entières avec eux. Son côté fantaisiste, affabulateur, invente pour eux jeux et histoires qui lui servent en même temps d'exutoires.

Il adore ses parrain et marraine, Marcel et Denise, et leurs enfants, ses cousins. Cette famille, il l'a connue plus intimement parce que ses parents et lui ont partagé avec elle de longues périodes de vacances. Lorsque Louise et Guy vivaient dans les Laurentides, Marcel et Denise venaient souvent camper chez eux.

On pourrait dire que chacune de ces familles a développé sa spécialité en regard des besoins de Jean-François. Sa grand-maman «Popo», surnom affectueux donné à une grand-mère en or, enrobe leur relation de complicité, d'accueil chaleureux, de tendresse. Sa porte est ouverte à toute heure à chacun de ses enfants et petits-enfants. Pour le fils de Louise, c'est un deuxième foyer et celle-ci espère qu'il pourra, un jour, réaliser quelle chance il a d'être choyé par un entourage aussi attentif.

Louise évoque sa relation avec sa belle famille. «Entrée dans la famille de Guy lorsqu'il avait 45 ans, après 22 ans de prêtrise, je fus, en dépit de ce contexte, bien accueillie. C'est une famille respectueuse de la vie privée et des choix de chacun. Mais la différence d'âge et la dispersion géographique de ses sept frères ont moins favorisé une relation et une entraide dans le quotidien de la vie. Les rencontres familiales lors de grands événements, tristes ou joyeux, sont chaleureuses. À l'exception d'une des sœurs de Guy, Thérèse, célibataire et demeurant dans la région. Dans la conscience de Jean-François, elle est la grand-mère paternelle qu'il n'a, à toute fin pratique, pas connue.»

179

En dépit de ses 19 ans, Jean-François a peur de demeurer seul à la maison, surtout le soir. La vie a continué après la mort de Guy. Louise n'a pas rompu ses engagements, ni cessé son travail. Toutefois, elle a dû restreindre ses activités et réévaluer beaucoup de choses. «Et d'ailleurs, ce n'est pas fini!» lance-t-elle. Elle explique qu'il a bien fallu, à plusieurs reprises, laisser son fils seul. Mais Jean-François n'arrive pas à maîtriser sa peur. «Je l'ai souvent retrouvé chez ma mère ou chez l'un ou l'autre de mes sept frères et sœurs qui demeurent dans la même ville que moi!» Elle a alors décidé de louer une chambre à un étudiant du cégep, ce qui, en tout cas, permet de simplifier le problème ponctuellement.

Chaque fois que Louise a tenté l'expérience de laisser son fils s'assumer seul une journée ou même, à l'occasion, une fin de semaine, et ce avec son plein assentiment, celui-ci s'est blessé physiquement. Elle croit qu'il s'agit d'un chantage psychologique. Depuis un an, elle a donc décidé de le rendre conscient de ses comportements d'autodestruction qui prévalent quand il se sent délaissé. Est-ce le fait qu'il vieillit ou cette décision qui porte fruit, toujours est-il qu'il semble à Louise que depuis quelque temps Jean-François s'améliore.

Un grand ami

Entre-temps, Jean-François s'est fait un grand ami — dans tous les sens du mot: Hans, six pieds trois pouces, un solitaire comme lui, mais équilibré et plus mûr. C'est son ami, cher à son cœur, le seul ami de son âge qu'il ait jamais eu. Ils se sont connus à l'équipe de pastorale de l'école où Hans agissait au début comme protecteur de Jean-François. Mais le fils de Louise est tellement possessif, que jamais il n'avait encore réussi à retenir un ami. Louise raconte qu'il la boudait, était agressif, additionnait les platitudes lorsque Hans venait manger à la maison et qu'elle causait un peu trop longtemps avec lui. «Les sujets de conversation sont très limités avec mon fils et ses possibilités de tenir et de suivre une conversation également. Il est très facile de le perdre en chemin ou d'oublier qu'il est là. J'ai mis un certain temps à faire le lien entre son attitude et son désir inconscient d'être le seul bénéficiaire de la présence de son ami.»

Louise a souvent pensé que Hans faisait sa B.A. quotidienne, en compagnie de Jean-François. Elle ne se pose plus de questions car tout ce qu'il apporte à Jean-François est positif: calme, sports partagés, un tantinet de plein air, ainsi qu'un sentiment de fidélité et d'acceptation inconditionnelle des limites de son fils. D'autres compagnons de classe ont fait de brèves apparitions dans la vie de Jean-François. Tous le manipulaient alors que Hans, lui, est un être profondément bon. Louise a souvent de la peine à cause des manipulations dont Jean-François est encore l'objet à l'école. Avec le temps, celui-ci est cependant devenu moins naïf et se rend compte assez rapidement lorsque les autres abusent de lui.

Depuis quelque temps, Hans travaille et réside à Montréal. À son départ, Louise a eu très peur pour l'équilibre affectif de Jean-François, peut-être même plus qu'au moment du décès de son père.

Mais heureusement, il n'y a pas eu rupture entre les deux amis. Louise croit Hans assez conscient de la situation. Il a su, par exemple, éviter des frustrations à Jean-François en s'aidant des quelques notions de psychologie apprises à son cours d'aide-infirmier. Ils se téléphonent souvent, bien qu'il serait plus juste de dire que Jean-François téléphone souvent à son ami. Les deux se visitent régulièrement, en moyenne une fois par mois. Avant que Hans ne déménage, ils se voyaient tous les jours.

Louise raconte qu'à la suite de l'éloignement de son ami, son fils a vécu et vit encore des moments pénibles et lui en fait vivre par ricochet. Prisonnier d'un sentiment d'abandon qui refait constamment surface, il devient sombre, se replie sur lui-même et en perd l'appétit. Il se sent démotivé en tout. Il s'était mis en tête de trouver du travail à Montréal et de partager un appartement avec Hans. «Dégonfler ces ballons» les uns après les autres, tout en essayant d'éviter les remous, fut alors le lot de la mère de Jean-François. C'est à cette époque qu'à la suggestion de la psychologue de l'école, Louise prit des renseignements sur le parrainage civique.

À la recherche d'un parrain, d'un confident

Le groupe communautaire de parrainage civique rendit un précieux service à Louise. Après six mois d'attente de l'oiseau rare qui correspondrait au tempérament de Jean-François tout en répondant à ses goûts et aux critères du service, le mariage à l'essai eut lieu. Les deux s'entendirent du premier coup comme larrons en foire. Depuis, ils se rencontrent chaque semaine. Jean-François a trouvé en Stéphane non seulement un confident, mais aussi un conseiller. «Stéphane apporte un souffle d'air frais dans ma vie. Sa participation me permet de savourer un soir de répit par semaine, sans être sollicitée à tout moment pour jouer aux cartes ou à un autre jeu. Avec Stéphane, Jean-François découvre le sens du partage, il apprend à jeter un regard objectif sur les personnes handicapées et à faire des pas dans l'acceptation de lui-même.»

Les défis:
questionnements et espérance

Dès le début de la vie scolaire de Jean-François, les compromis de toutes sortes, l'ambivalence des situations, la défense des droits de l'enfant ont été, comme pour tous parents d'enfant handicapé, le lot quotidien de Louise et de Guy, puis, à la grande détresse de celle-ci, son lot à elle seule. Quel qu'ait été le degré d'évolution du moment, de la personne de son fils et ses possibilités de progression, Louise a dû cultiver seule l'espérance. En dépit de ressources extraordinaires autour d'elle, c'est ce qu'elle doit encore faire aujourd'hui.

«La tendresse, les liens qui nous unissent sont plus forts que les déchirements. Jean-François est capable de s'excuser de ses emportements et de ses excès, et le dialogue est alors un baume sur nos plaies. Il est capable d'agir ainsi parce que Guy et moi avons su le faire avec lui, lorsque par maladresse nous lui faisions de la peine. Quant à moi, étant convaincue que le comportement d'un enfant est le reflet du comportement de ceux qui l'entourent, une fois seule, j'ai gardé la même attitude avec lui.»

Mais Louise trouve «essoufflant d'être l'adulte», de devoir rester calme, de participer sans cesse aux nouveaux départs de Jean-François et à ses éternels recommencements.

«Je trouve difficile de décrire nos activités et nos intérêts de même que de parler des valeurs qui importent dans notre cellule familiale. Formons-nous une famille? Peut-être que oui, même si j'éprouve parfois le sentiment de vivre une réalité parallèle à celle de mon fils. Et ce sentiment s'est accentué depuis un an. Nous arrivons à un tournant et je sens que j'ai besoin d'aide pour faire le point, pour tenter une analyse objective de notre situation.»

Louise estime que son plus grand défi sera de continuer à s'épanouir, à respecter ses besoins et ses goûts tout en respectant les besoins de son fils. Celui-ci ne veut-il pas tout partager avec elle! Comme si sa mère était sa compagne de vie et de jeu, alors qu'il a vingt ans et que leurs goûts et besoins sont aux antipodes!

Jean-François est à l'heure d'assumer sa propre vie. Il se pose des questions: comment se «faire une blonde» et pourra-t-il se marier? Puis, il affirme ne pas vouloir d'enfant. Il trouve la vie «plate»: «Qu'est-ce que je fous dans la vie?», se demande-t-il. Du point de vue physiologique, sa mère le trouve mûr, mais psychologiquement, l'histoire est différente... Et bien entendu, il voudrait, comme son ami Hans, vivre en appartement.

«Plusieurs autour de moi, parmi mes collègues et amis, me conseillent de faire des démarches pour faire entrer Jean-François en foyer de groupe supervisé», relate sa mère.

Parvenu à un tournant déterminant de sa vie, Jean-François ressent plus que jamais le besoin d'être aimé, il teste sans cesse l'affection de son entourage à son égard en adoptant des comportements souvent détestables. Sa mère s'interroge: au moment de la transition entre le monde scolaire et le monde des adultes, une séparation serait-elle judicieuse?

Ce n'est déjà pas simple d'éduquer un enfant dit normal. Chez une personne remplie de naïveté, démunie de ressources psychiques, le jugement est souvent, comme le mentionne Louise, «tout noir ou tout blanc». De plus, Jean-François adopte parfois des comportements schizophrènes et exprime souvent le désir d'en finir avec la vie. Vivre avec lui représente un tour de force et Louise ne se sort pas toujours indemne de ces multiples affrontements, pas plus d'ailleurs, que Jean-François... Mais lorsque celui-ci arrive à s'assumer, elle se sent récompensée de ses efforts. Ses progrès inattendus se produisent dans les moments «creux», contredisant les pronostics pessimistes des spécialistes régulièrement consultés. Cette lente évolution entretient en elle le sentiment d'espérance d'une vie meilleure.

Conclusion

Trois mois se sont écoulés depuis ce témoignage.

Jean-François a obtenu un emploi d'été, ce qui a été facilité par l'octroi de travail pour personne handicapée... Il est fier de lui, fier de recevoir un salaire. Il utilise plus judicieusement l'argent gagné que l'argent reçu gratuitement.

Louise vient de réaliser un rêve, longtemps bercé: un chalet avec un panorama splendide sur le lac et la montagne à un prix incroyable, au lac Lovering où depuis huit ans elle a vécu des moments inoubliables au chalet de ses sœurs. Encore une fois, la présence aimante du Dieu de la Vie et de Guy se manifestent...

VIE DE FAMILLE À PLEIN TEMPS

Louise Blain-Lambert

Il était une fois un couple

Vincent est psychologue. Il conçoit son travail comme un engagement durable qui s'accomplit par l'affrontement de défis successifs, renouvelés au fil des ans. Il travaille depuis maintenant 14 ans en milieu de détention.

Elle-même docteure en psychologie, Geneviève s'est retrouvée en 1984 mère de deux enfants et elle a dû repréciser l'orientation de sa vie. Elle a alors choisi de vivre la famille à plein temps. Ses engagements à l'extérieur de la maison ont été par la suite de nature bénévole.

Bien que jaloux de leur intimité et plutôt portés à la discrétion, Geneviève et Vincent ont accepté de révéler ce qu'ils vivent. Ils considèrent leur témoignage comme une occasion de donner une voix à tous ceux dont le projet familial s'apparente au

187

leur, tant par les renoncements et les défis que celui-ci leur impose que par les joies qu'il leur procure. Ne voyez dans leur histoire qu'une esquisse, une invitation à la réflexion.

Deux amoureux, un projet

Geneviève et Vincent se sont rencontrés à l'université. Ils se sont aimés comme dans un conte de fées, chacun ne voyant de l'autre que ses beaux côtés. Et les petits travers qui «retroussaient»? Ils en faisaient leur affaire, appelant justement à leur secours quelque fée à la baguette magique! Ils vivaient d'amour tendre, un rien les comblait. À plus tard la richesse et le confort, se disaient-ils!

Ainsi s'écoula le temps des fréquentations. Deux ans passés à se découvrir, à faire connaissance, à apprécier les capacités de l'autre. Les activités vécues ensemble leur paraissaient de beaux défis à relever et, somme toute, faciles à surmonter. Ces petits tests, réussis tour à tour, amenèrent les jeunes amoureux à se dire que oui, ils s'aimaient pour la vie.

De cette façon, Geneviève et Vincent ont adhéré peu à peu à l'idée d'un projet de vie commun qu'ils planifièrent le mieux possible et de tout leur cœur. Leur programme? Rester toute leur vie ensemble, bien sûr! Terminer leurs études, avoir ensuite cinq ou six enfants et s'épanouir en famille. Ils ignorent ce que deviendra leur amour, l'avenir leur est inconnu, mais ils souhaitent que tout se passe pour le mieux.

Ils se marient donc à l'été, en 1974. Ils n'ont que peu de biens matériels, mais dans leur cœur, la promesse toute fraîche de leur engagement. Dorénavant, ils partageront tout avec, pour la première fois de leur vie, la personne de leur choix. Leur bagage, au fond, c'est leur personne, chacune avec son caractère, ses façons de penser et de faire, sa tradition familiale, son identité peut-être encore fragile, ses acquis et ses espoirs.

Voilà deux mondes qui essaient de se comprendre, de se rejoindre. «Il y avait bien quelques petites tempêtes, surtout dans nos têtes, à l'occasion des premières décisions à deux. Nous n'étions pas toujours d'accord à propos de la décoration, du rangement ou de la composition d'un repas. Nos gestes quotidiens nous faisaient nous rendre compte que nous avions tout à apprendre l'un de l'autre, et aussi, tout à réviser en soi. Notre vie commune était à bâtir.»

Comment harmoniser tout cela? «Pour ma part, franchement, je me le demandais souvent, ajoute Geneviève. Étions-nous appelés à nous compléter ou à nous arracher les cheveux? La réponse ne s'imposait pas d'emblée; elle dépendait de nous. Nous avons dû apprendre à nous parler. Les compromis n'étaient pas si difficiles à faire et nous en faisions tous les deux. Mais d'arriver à nous dire les choses sans nous blesser se révélait une entreprise plus ardue.» Vincent ajoute: «Au début, nous boudions! Parfois chacun à notre tour, parfois ensemble. Ces bouderies ont duré un temps. Tranquillement, nous avons évolué. Nous arrivons maintenant à mieux nous compléter. Nous aurons toujours à apprendre l'un de l'autre, mais que de chemin parcouru!»

Changement de programme

Arrivent les enfants! Déjà? Oui, durant les études: «Nous avions prévu faire une maîtrise et en cours de route, nous avons décidé de poursuivre jusqu'au doctorat. Après trois ans de mariage, nous nous sentions vieillir un peu. Quand on a 25 et 29 ans et que l'on envisage le projet de fonder une grande famille, ça donne à réfléchir. Donc, un an plus tard, nous annoncions enfin notre première grande nouvelle.»

Convaincus que leur formation professionnelle ne souffrirait pas de leur heureuse décision, Geneviève et Vincent s'apprêtaient à compléter leurs études à temps partiel. Geneviève perdit rapidement ses illusions: «Allégresse et panique m'ont habitée tour à tour dès le début de ma grossesse et les questionnements n'ont pas tardé. Qu'avions-nous pensé? J'avais choisi un bon père pour mes enfants, mais serais-je une bonne mère? Que deviendraient nos études? Et les offres d'emploi qui se présenteraient?» À cause de ses fortes nausées, Geneviève dut ralentir, plus qu'elle ne l'avait prévu, le rythme de ses études. De même, la réalité bien vivante du bébé lui fit refuser des offres d'emploi et reporter à une date ultérieure son entrée sur le marché du travail.

Vincent l'appuyait sans réserve: «Une chose à la fois, autant que possible.» Pour sa part, il commença à planifier le bien-être de sa petite famille, proposant de l'installer dans un appartement plus grand. Après réflexion, ils cherchèrent plutôt une maison où les enfants pourraient grandir à l'aise, du moins pour un temps. Les économies réalisées depuis le début de leur mariage leur permettaient de prendre ce risque. Le premier emploi de Vincent arrivait à point, mais dans l'immédiat, il leur fallut accepter de continuer à se serrer la ceinture durant quelques années.

Geneviève et Vincent trouvèrent rapidement un duplex répondant à leurs critères et ils prirent la décision de faire ce premier investissement en commun, histoire de confirmer dans les faits la construction d'un patrimoine au service de leur projet familial.

L'automne 1978 fut donc très affairé: travail, études, achat de la maison, déménagement et, évidemment, encore et toujours les nausées. C'était aussi l'adieu du couple à son premier nid d'amour. Viendrait ensuite l'adaptation à un nouvel environnement, à un nouveau mode de vie. Dans la même veine, ce qui marquait pour nos amoureux la fin d'une époque provoquait des questions différentes. Seraient-ils heureux dans leur maison? Déjà terminées, les premières années de leur mariage... «Il nous semblait que le sérieux était à venir. Fini le temps où on décidait soudainement de mettre la clé dans la porte pour aller au cinéma et profiter d'un souper en tête-à-tête. La vie nous demandait déjà de grandir davantage, en faisant une place à ce premier enfant qui nous était encore inconnu.»

Geneviève et Vincent sentent confusément que les choses vont changer. Ils essaient d'imaginer leur vie prochaine. L'arrivée du premier enfant fut-il un bouleversement? «C'est peu dire! Notre vie s'en est trouvée complètement transformée. Tout ce qui se produisait nous paraissait à la fois exaltant et effrayant: les pleurs de Caroline, ses petites maladies, la crainte qu'elle ne se blesse, les multiples conseils contradictoires offerts de bon cœur par l'entourage, les innombrables changements de couches! Geneviève se souvient: «En même temps, notre bébé nous invitait à faire sa connaissance, à l'observer, à la découvrir, à trouver les réponses à ses besoins. Pourquoi notre fille pleure-t-elle? Aujourd'hui, elle boit presque sans arrêt. Quand vais-je pouvoir prendre ma douche? Manifestement, ce n'est pas le moment non plus de faire le marché prévu à l'horaire. Qu'allons-nous bien pouvoir manger ce soir?»

Le moins qu'on puisse dire, c'est que le paysage a changé. Chez Geneviève et Vincent, l'enfant prend de plus en plus de place, dans leur cœur comme dans la maison. Ses sourires, ses joies, ses caresses, la découverte que même les changements de couches de bébé sont l'occasion d'une rencontre avec elle, toute cette vitalité encourage les parents à se dépasser, à grandir avec leur petite fille.

Pour la jeune famille, tous ces préambules ont marqué le début d'un grand attachement. Vincent et Geneviève se rappellent leurs premiers pas comme parents. «Malgré l'incompétence que nous avons pu ressentir alors, malgré les chambardements de la vie quotidienne, nous avons vécu un grand bonheur à devenir parents. C'est d'ailleurs à partir du moment où nous avons tenu Caroline dans nos bras que notre choix nous est apparu plus clair et s'est confirmé progressivement. Nous trouvions difficile de faire garder notre toute-petite, même pour un soir: la place de Geneviève serait à la maison.»

Le bébé, c'est déjà hier

Vincent et Geneviève ont eu cinq enfants. Caroline a maintenant treize ans, Louis-David, dix ans, Jacinthe, sept ans et Noémie, trois ans. Julie, petite fille née très malade, a quitté trop tôt cette famille pourtant si prête à l'accueillir.

Durant douze ans, les Robert ont toujours eu un jeune enfant dans les bras. «Qui aurait cru que cette époque de notre vie familiale serait si vite passée! s'exclame Vincent. Le bonheur était toujours nouveau et les moments intenses que nous vivions à chaque naissance créaient l'occasion d'un grand rapprochement entre les membres de notre famille.»

Oui, l'arrivée du bébé est toujours un enchantement: fierté des parents, attendrissement devant ce bout de chou, son parfum, sa chaleur, la joie de le serrer contre soi. Caroline s'extasiait: «Maman, je t'aime tant. Il est beau, notre bébé!» Vincent se souvient: «Nous avions l'habitude d'apporter aux aînés un présent, gage de l'amour du petit nouveau qui veut conquérir les autres membres de la famille. C'était aussi une façon de fêter ce cadeau du ciel à protéger et à aimer.»

C'est certain! Nombreux sont les aménagements pratiques que provoque la nouvelle naissance, ainsi que les concessions exigées de chacun des membres de la famille. Les plus grands attendent leur tour. Le bébé prend beaucoup de place et parfois toute la place. L'allaitement est une grande joie mais exige beaucoup de maman. Chacun devra triompher de maints écueils et participer ainsi, de façon personnelle, à l'instauration d'un nouvel équilibre familial. Car l'organisation de la vie quotidienne est mise sens dessus dessous par les besoins pressants du tout-petit. Les enfants ressentent ce remue-ménage et le manifestent, ce qui demande une attention et une patience accrues de la part des parents. «Par exemple, chez nous, au moment des repas, la façon d'apprêter et même de disposer les aliments dans l'assiette pouvait déclencher des protestations de toutes sortes ou même de gros chagrins. Suivaient les consolations, les suggestions, puis les sourires revenaient.» En dépit de ces petits problèmes, les parents à la fois étonnés et ravis constatent les gros efforts consentis par leurs enfants. Et que dire de la patience manifestée par les aînés à l'égard des plus jeunes... Il y a de la solidarité dans l'air.

Mais il y a les jours où rien ne va. Aucune tâche n'aboutit à son terme; tous ont besoin de maman en même temps; on n'a pas fini d'en consoler un que l'autre s'est déjà fait mal. On laisse tomber le verre de lait ou la soupe, le téléphone sonne sans arrêt et, évidemment, arrive un visiteur inattendu, juste à point pour constater le désastre, un désordre qu'on voudrait voir se volatiliser! «Ces jours-là, on prie le Seigneur de nous donner le courage de nous rendre jusqu'à l'heure du coucher des enfants sans perdre le nord! Vite, on tâche d'oublier en espérant pour le lendemain un jour meilleur!»

Puis vient l'époque où bébé commence à manger. Maman prépare double menu et on fait manger le tout-petit à la cuillère. Ces mois-là se passent au complet, ou presque, dans la cuisine! Pourtant, c'est bien souvent à ce moment que le miracle se produit. On s'aperçoit que peu à peu, on est tous «tombés amoureux» du bébé. On le regarde d'un nouvel œil. Les enfants lui sont attachés. Et même, ils en redemandent: «Comme il a grandi! On va en avoir d'autres bébés, hein?»

Déjà, le gazouillis du benjamin réjouit la maisonnée. Sa parole, que l'on n'a pas entendue encore, est en plein développement. Ses frères et sœurs s'émerveillent: «Il comprend tout, papa!» Et ce petit enfant commence à se déplacer; il se traîne partout, marche à quatre pattes, grimpe sur les meubles. C'est un plaisir de le voir quotidiennement évoluer dans son exploration du monde: les armoires, les tiroirs, les bibliothèques n'ont plus de secrets pour lui. Sous sa «direction», les casseroles se transforment en de joyeuses cymbales.

C'est l'époque où on ne retrouve plus ce qui était pourtant si bien rangé. Bébé est souvent mis au banc des accusés quand on a égaré quelque chose. Pratique, quoiqu'un peu injuste! Et que dire des boîtes aux contenus divers qui se répandent ici et là, au gré de sa fantaisie? Bientôt, plus rien n'est à son épreuve. L'épreuve est plutôt pour la mère! Durant plusieurs mois, pas question de le quitter des yeux! Les conséquences d'une telle erreur pourraient bien être sans limites. Heureusement, l'adaptation maternelle est aussi sans limites! Et le père, à son retour du travail, fera volontiers sa part.

Geneviève raconte qu'elle n'était pas toujours sereine dans ce quotidien aux réalités parfois imprévisibles! Mais au fil de ses progrès et reculs, elle arrive à maîtriser ses angoisses et acquiert de l'assurance. Son choix, leur choix de vie, intuitif au départ, s'affermit. «Je ne pensais pas, dit-elle, que vivre la famille, assumer une présence à la maison exigerait autant de moi au jour le jour. Et je n'avais pas idée non plus que je rirais autant, que je recevrais tant de cette vie, de nos enfants, de mon mari.» Avec l'expérience, les choses deviennent plus faciles. Et toute cette richesse, que les Robert découvrent petit à petit, nourrit sans cesse leur désir.

La famille Robert habite toujours la maison que Vincent et Geneviève avaient choisie dans les premières années de leur vie commune. S'étant attachés au milieu, ils ont peu à peu pris racine et décidé de s'installer définitivement.

L'aménagement de la maison s'est fait lentement. Vincent, seul, a accompli la majorité des travaux, planifiés cependant à deux d'après les besoins familiaux. En grandissant, les enfants se sont intéressés à cette activité. Tour à tour, ils ont accompagné leur père et l'ont aidé à leur mesure, donnant au début les clous un à un. Plus tard, ils en ont eux-mêmes planté plusieurs... Chaque pièce a ainsi été réaménagée. Sans le travail du père, plusieurs rénovations n'auraient pu être concrétisées, faute de moyens financiers et sans sa minutie, le coup d'œil ne serait pas non plus ce qu'il est! La maison des Robert, simple et fonctionnelle, est agréable à vivre. On a même augmenté l'espace habitable en rognant sur la surface du garage! C'est ainsi que les Robert ont réussi à agrandir leur foyer sans déménager.

Geneviève parle affectueusement de sa maison comme de la complice muette d'une famille «en marche». «Notre maison est un peu à notre image. Elle s'est bâtie de l'intérieur, progressivement. Son cœur s'est agrandi. Elle est devenue de plus en plus habitée, se transformant à chaque naissance. Chaque coin a sa petite histoire. Nous lui sommes maintenant très attachés.»

Une vie qui déborde

La maison des Robert est pleine de vie. Une vie qui s'exprime aussi à l'école, au travail et dans les activités de tous. Il y a également les contacts avec les familles, celle de Vincent en banlieue de Québec et de Geneviève à Montréal, ainsi que les amis. Et il y a leur vie de foi qui mûrit... pas de place pour l'ennui dans cette maison. L'immense calendrier familial, annoté, coloré, raturé, témoigne d'un horaire chargé. Les événements inattendus abondent et les Robert doivent aussi leur faire une place, que ce soit les invitations spéciales ou les visites surprise, ou encore le soutien au voisinage, à la parenté, aux amis...

À ceux qui lui demandent ses secrets pour se débrouiller dans tout cela, Geneviève répond: «L'organisation est sans cesse à repenser en fonction des enfants qui grandissent et des obligations qui changent. Mes débuts de mère de famille ont été plutôt modestes! J'étais souvent plus débordée avec un enfant ou deux que je ne le suis maintenant avec quatre. Et de toute façon, je n'y serais pas arrivée sans l'aide de Vincent.»

Vincent aussi a appris: «Depuis le début de notre vie commune, j'ai partagé les tâches et les responsabilités qui se sont transformées au fur et à mesure des étapes à franchir. Et je tiens à demeurer très présent à ma famille.» Travailleur efficace, Vincent devient, par sa contribution, une grande partie de la solution.

Il y a aussi les «coups de pouce» offerts par un peu tout le monde; voisinage, famille, parrains et marraines, amis, étrangers. Cette aide revêt toutes sortes de formes. «Ce soutien discret et merveilleux, nous l'appelons Providence, d'affirmer Vincent. C'est souvent au moment où nous en avons besoin qu'il nous est donné. Quand nous disons merci, nous essayons de souligner que ces gestes, parfois anodins, représentent en réalité pour nous un encouragement considérable.»

La vie à six est inégale et cette famille épanouie trouve tout de même certains moments plus difficiles. «Sans qu'on sache trop pourquoi, on se met en colère. La maison ne semble pas assez grande pour que nous puissions vivre sans nous marcher sur les pieds. Pourtant, il ne s'agit parfois que d'un peu d'humour, d'un encouragement exprimé à point par l'un ou l'autre pour que tout se replace. De temps à autre, c'est encore long. Il y a des jours qui s'éternisent. Mais le plus souvent maintenant, l'harmonie règne, même dans la cacophonie!»

Chez les Robert, les heures creuses sont rares. Le temps file à une vitesse folle et le rythme du quotidien n'a parfois rien à envier au rap! Tout de même, histoire d'être en mesure de savourer des moments de détente en famille ou en couple, les parents ont ressenti le besoin d'établir des priorités quant aux activités familiales: viennent en premier lieu la vie familiale quotidienne, puis les engagements de chacun, les loisirs communs et les relations avec parents et amis. Les autres sollicitations sont étudiées en regard de leur importance. Tout autre projet qui mettrait en péril les priorités des Robert est écarté.

Il est sûr que dans ce contexte, les choix personnels se font à l'intérieur de limites claires. L'un doit renoncer à une visite chez un ami pour privilégier une sortie en famille. L'autre ne pourra s'inscrire à une activité culturelle intéressante parce qu'elle est déjà engagée dans une équipe sportive, ou encore, les sorties au parc de la petite dernière seront écourtées par l'heure de retour de l'école de sa sœur. «C'est un fait, constatent les parents, il faut "manœuvrer serré" pour donner à chacun sa place, mais en même temps, tous éprouvent de plus en plus de plaisir à se communiquer mutuellement leurs expériences et à profiter de celles des autres.»

À l'heure de l'école

La famille Robert vit à l'heure de l'école: Caroline au secondaire, Louis-David et Jacinthe au primaire, et Noémie... même à la maison. La benjamine voit évoluer ses frère et sœurs, fait des «devoirs», qu'elle montre ensuite fièrement tout en demandant régulièrement, en particulier les lendemains de congé: «Pourquoi tout le monde est parti à l'école?»

En semaine, l'horaire de l'école détermine l'horaire familial, du lever au coucher: premiers bonjours, déjeuner, vérification du matériel scolaire et des vêtements, signatures, préparation des lunchs, départs successifs, retours, devoirs, réunions... ouf! Voilà qui fait apprécier les vacances scolaires même par les parents. «Oui, disent-ils, l'école prend beaucoup de place dans la vie de nos enfants et dans la nôtre. Tout ce que vivent nos enfants à l'école nous intéresse. Nous tâchons de rendre les enfants conscients des liens entre l'école et la maison. Par exemple, les taquineries entre camarades sont une occasion d'inviter à respecter les autres. Les projets mis de l'avant à l'école permettent de rappeler certaines vertus: effort, travail, concentration».

Geneviève et Vincent appuient les professeurs dans tout ce que ces derniers exigent de l'enfant. L'heure des devoirs est un moment important pendant lequel maman se rend disponible. Au moins avec la plus jeune, il y a toujours révision des devoirs et répétition des leçons. Les aînés, forts de l'élan déjà reçu, s'organisent seuls et n'ont besoin que d'un coup de pouce occasionnel. «Parfois, je rappelle à l'ordre un de mes enfants affairé à autre chose ou, simplement, je pose la question: comment ça va, le devoir de mathématiques?»

À regarder les Robert évoluer dans leurs activités familiales, on repère aisément ce qui leur tient à cœur. «Nous avons découvert que l'âge de l'école, c'est aussi l'âge d'apprendre à apprendre. L'écart d'âge entre nos enfants de même que leurs talents et leurs goûts personnels nous sont apparus comme autant d'éléments à concilier dans notre recherche de loisirs familiaux. Nous avons voulu aussi doser les défis, entreprise délicate à laquelle nous sommes parvenus progressivement, au fil de nos essais et de nos erreurs. Surtout, nous avons tenu à fonder nos choix sur des valeurs sûres, de façon à nous enrichir tous.»

La lecture intéresse toute la famille. Vincent raconte que dès sa plus tendre enfance, Caroline a écouté, ravie, les histoires cent fois lues et relues, les apprenant par cœur et les réinventant. À quatorze mois, elle avait déjà sa carte de bibliothèque! Comme dans plusieurs autres aspects de la vie familiale, Caroline a tracé le chemin: «Maman, papa, lis-le moi encore, s'il te plaît.» Et marraine ou parrain de prendre la relève, chacun à son heure. C'est ainsi qu'aujourd'hui, Noémie profite à plein de l'expérience accumulée: tous veulent lui faire la lecture! Les enfants lisent de tout: bandes dessinées, romans, sciences naturelles, bibles pour enfants, journaux et, pourquoi pas, les boîtes de céréales! À l'école, ce goût s'est accentué. «Nous avons donc inclus les visites à la bibliothèque dans notre horaire familial. Pas moyen d'y échapper. Tous en ont développé un besoin quasiment vital!»

La musique tient aussi une place importante chez les Robert. L'aînée a étudié le violon durant cinq ans; le second étudie le piano et fait du chant choral. C'est au son du violon de sa sœur que Louis-David a découvert le monde de la musique. Au début, il a parlé d'apprendre le violon puis la guitare, l'accordéon, la flûte, la trompette. «Fiou, la trompette!» de dire Caroline qui supporte tantôt avec humour, tantôt avec impatience, les longues répétitions, les vocalises, les essais plus ou moins harmonieux de composition de son cher frère. Car étant situé à proximité de sa chambre, le piano lui en fait voir de toutes les couleurs.

Il s'agit tout de même d'un coup de foudre qui s'est produit entre la musique et ces deux enfants dont l'intérêt pour cet art se développe jour après jour. Caroline et Louis-David aiment la musique et c'est avec joie qu'ils la font connaître aux plus jeunes.

Quant au sport, Louis-David en fait quotidiennement à l'école. Caroline a découvert le hand-ball au secondaire: «Maman, j'aime tellement ça, tu sais, c'est une vraie passion! Mais évidemment, ce n'est pas le violon.» Ses parents l'ont encouragée: «Et alors? Tu as l'occasion de faire un sport d'équipe et tu aimes ça. Pourquoi pas? La discipline, l'effort, la persévérance, ça s'apprend aussi au hand-ball. Tu pourras connaître la collaboration, l'esprit d'équipe, l'amitié. Vas-y! Nous ferons notre possible pour t'appuyer, en tenant compte de tes frère et sœurs.» Par contre, Caroline a appris à accepter que sa famille ne puisse assister à tous les matchs.

Les plus jeunes ont aussi leurs propres activités. Jacinthe et Noémie consacrent beaucoup de temps au bricolage et au dessin. Les murs de la cuisine sont tapissés de leurs chefs-d'œuvre. Maman conserve plusieurs de ces trésors. Jacinthe a un goût marqué pour les travaux manuels. Interrompt-elle sa production? C'est qu'elle est vraiment malade. Quand elle cherche à nouveau ses crayons à dessin, tout le monde est rassuré, Jacinthe va déjà mieux.

Ces activités incluent bon nombre d'heures consacrées au transport, tant quotidiennement que pour les événements spéciaux. Mais dans cette famille, l'accompagnement dépasse de beaucoup la fonction de chauffeur! Geneviève raconte qu'à l'occasion, Vincent a bien poussé quelques soupirs. Mais ils se sont faits à cette routine, à partir du moment où ils ont commencé a participer aux activités. «C'est ainsi qu'en partageant avec eux les découvertes et les émotions ressenties dans le feu de l'action, nous avons intégré les choix des enfants à notre vie familiale. Nous nous racontons des anecdotes, nous parlons de nos difficultés et de nos progrès. Finalement, nous en retirons tous des bienfaits.»

Les fins de semaine aussi sont habituellement bien remplies. Même si, à quatre enfants et deux parents, les occupations ne manquent pas, Vincent et Geneviève tiennent à profiter du dimanche pour ralentir le rythme trépidant de la semaine. Le «septième jour» représente pour eux une occasion propice d'établir une tradition de moments vécus ensemble. La messe du dimanche est l'un de ces temps forts. «C'est une pause dans la semaine, nous dit Geneviève, une heure de recueillement, de prière, une expérience que nous souhaitons familiale et communautaire et dont il nous arrive de reparler durant la semaine. Les enfants commencent à pouvoir profiter de cette richesse et à l'intégrer progressivement dans leur vie.»

Rien n'est magique

Pourquoi Geneviève et Vincent ont-ils choisi de se marier et d'avoir plusieurs enfants? Avec tout ce qui se dit de nos jours sur le couple et la famille, peuvent-ils encore croire à leur conte de fées?

D'abord individuellement puis comme couple, Geneviève et Vincent avaient les mêmes aspirations. «La vie de famille nous attirait. Nous désirions avoir des enfants, nous voulions nous efforcer de traverser épreuves et bonheurs en faisant de notre mieux. En ce sens, le mariage nous paraissait toujours d'actualité, c'est-à-dire comme un engagement de toute une vie pour le meilleur et pour le pire, dans les faits comme dans les mots.»

Un tel projet était aussi inspiré de l'expérience personnelle de nos deux amoureux qui, dans leur propre famille, avaient pu profiter chacun d'exemples de vie à la fois chrétienne et féconde. Vincent est l'avant-dernier d'une famille de douze enfants, Geneviève, la seconde d'une famille de six. Pour eux, ce choix de vie était non seulement réalisable mais souhaité et espéré.

Cela ne veut pas dire que leur projet était exempt d'inquiétudes. «Nous n'avions pas l'intention d'abandonner le bateau au premier coup de vent, mais nous redoutions les tempêtes; nous espérions naïvement, en jeunes matelots inexpérimentés, qu'elles nous épargneraient, ne sachant si nous parviendrions à tenir la barre. Nous voulions des enfants mais nous ignorions jusqu'à quel point nous étions faits pour assumer cette responsabilité, ne la voyant pas non plus dans toute son ampleur.»

De ces doutes émergeaient tout de même quelques certitudes. «Si le bateau prenait l'eau, nous voulions écoper ensemble. N'étions-nous pas mariés devant Dieu? Lui aussi aurait beaucoup à faire. Témoin de notre amour, Il le nourrirait, nous aiderait à nous relever chemin faisant et nous guiderait sur la route. Nous comptions sur Lui. Nous avions délaissé la pratique religieuse durant quelques années. Notre mariage fut l'occasion de raviver notre foi et d'en devenir pleinement responsables.»

Depuis, Geneviève et Vincent ont voulu procurer aux enfants ce terreau qui pourrait nourrir leur foi. «La prière quotidienne, la messe dominicale, les fêtes religieuses, les sacrements, les rites de passage et de deuil... les enfants vivent avec nous ces événements, nous en parlons entre nous et nous Lui en parlons comme à un ami. Il fait partie de la famille!»

Se marier, mettre au monde plusieurs enfants est une chose. Mais faire un choix réaliste pour une maman d'aujourd'hui, en l'occurrence celui de rester au foyer, en est une autre. Pour quelles raisons Geneviève et Vincent ont-ils fait ce choix alors que d'autres le trouvent dépassé ou même aliénant pour la femme? Voici ce que le couple nous en dit: «Le choix de Geneviève de rester à la maison fait suite à la volonté d'élever nous-mêmes nos enfants, de leur procurer nous-mêmes le bien-être que nous désirons pour eux, avec attention et affection. Quand nos enfants sont confrontés à des sautes d'humeur, à une réaction d'angoisse déguisée en colère peut-être pas toujours justifiée, quand ils ont à répondre à des exigences essentielles pour leur développement, c'est d'abord de nous qu'ils les reçoivent. Ils sentent que rien au monde ne nous tient plus à cœur que leur personne et l'épanouissement de leur personnalité.»

Bien des parents désireraient sans doute faire ce choix sans en avoir toutefois la possibilité. «Pour notre part, nous avons eu beaucoup de chance. Ce n'est pas toujours facile, loin de là, mais nous estimons que la présence de Geneviève à la maison a été déterminante pour toute la famille. Sans cette présence, notre famille aurait certainement été plus petite. Que de richesses nous auraient échappées sans Jacinthe, Julie et Noémie!»

Les enfants, cependant, voient des désavantages à cette omniprésence maternelle: «Maman, avec l'appui de papa, contrôle sévèrement l'horaire de la télé et l'accès au Nintendo, exige des devoirs bien faits, limite les visites au dépanneur.» Cependant, ils n'imaginent guère leur vie sans maman à la maison. Pourquoi? Caroline, Louis-David et Jacinthe répondent en pensant cette fois aux avantages! «Nous aimons quand maman fait le lavage et les courses durant la journée parce qu'elle a le temps de nous aider le soir, quand nous sommes "bloqués" dans un devoir. Elle a du temps pour nous. Et il y a notre petite sœur, Noémie: qui s'en occuperait, autrement?»

Le choix de Geneviève

Geneviève avait hésité durant plusieurs années. «C'était loin d'être évident pour moi de rester à la maison. L'enseignement, la recherche m'attiraient. Grâce à ma formation, je pouvais faire une carrière intéressante tout en rendant service. Allais-je renoncer à tout cela? L'arrivée de Caroline, puis celle de Louis-David m'ont tour à tour amenée à retarder l'éventualité d'un retour au travail. Nous avons eu le temps de créer des liens. Quand j'ai dû les faire garder pour terminer mes études, j'ai trouvé cela très difficile. Une fois arrivée au bureau, je devais faire de grands efforts pour me concentrer. Mes enfants me manquaient plus que je ne l'avais imaginé. Je crois que cette séparation m'a aidée à renoncer de façon plus déterminée au travail à l'extérieur.»

Après son doctorat, les premiers temps à la maison ont quand même trouvé Geneviève désemparée. «Ma place était là, j'en étais sûre. Du moins, je le sentais ainsi. Mais comment faire pour y être heureuse avec mes enfants? Mon cerveau allait-il se ratatiner? Moi qui n'étais pas une femme d'intérieur, me sentirais-je en prison? J'ai vécu tout cela par moments. Mais j'en suis venue à me rendre compte que tout le monde vit des moments de découragement, quelle que soit la route choisie, et j'ai finalement trouvé réponse à bien des questions.»

À cet égard, l'attente et l'arrivée du troisième enfant se sont révélées être un point tournant dans l'évolution de la famille Robert. Vincent approuve: «Les premiers temps, pour un rien, nous nous sentions dépassés. Avec l'expérience, nous avons appris à venir à bout des difficultés au jour le jour; nous avons développé notre sens de l'humour, acquis la conviction que les joies dépassaient largement les peines. Nous étions si heureux que le désir d'avoir à nouveau un enfant renaissait en nous et faisait fondre nos hésitations de même que les arguments par trop "réalistes", souvent évoqués par notre entourage: nous avions fait notre part, nous en avions plein les bras, des engagements intéressants nous étaient offerts... C'était vrai, mais nous ne pouvions résister à notre plus cher désir. Notre famille voulait à nouveau s'agrandir. Elle existait par elle-même, avait ses exigences, elle devenait ce que nous la faisions, tout en rayonnant sur nous-mêmes et sur notre entourage. Aujourd'hui, avec ses contraintes et ses ressources, notre famille est devenue une force pour tous ses membres.»

Tout au long de ces années, Vincent a accompagné Geneviève dans sa réflexion. «Je l'appuyais du mieux possible. J'appréciais ce qu'elle réalisait auprès des enfants. Bien sûr, je désirais que nos enfants puissent profiter de sa présence mais le choix lui appartenait car c'est elle qui devait le vivre. Elle et moi, nous en parlions. Moi aussi, j'ai eu des hésitations et des craintes. Ma carrière n'a pas été celle qu'elle aurait pu être sans enfants, sans considérations pour notre projet commun. Je crois qu'il y a toutes sortes de façons d'être père: la mienne aura été d'être présent, le plus possible, à mes enfants et à mon épouse.» Pour faire de leur vie un succès, Geneviève et Vincent ont dû établir une planification consciente et se fixer des limites, mais ils estiment que tous y ont gagné au change.

Ce que la famille Robert gagne au change, c'est un ensemble de liens solides. Leur attachement mutuel leur fait apprécier et rechercher d'autant plus les moments qu'ils passent ensemble. Les séparations reviennent tout de même souvent. «En plus de l'école et du travail, nous disent les enfants, nous prêtons papa qui construit la galerie chez des amis, maman qui écrit, Caroline qui part en camp guide, Louis-David qui va au camp des louveteaux ou Jacinthe, à une fête. Et maintenant, nous commençons à prêter Noémie. Prêter les uns et les autres devient un apprentissage. Chacun s'en va à son tour et chacun vit l'absence. Nous nous ennuyons les uns des autres, nous nous retrouvons avec plaisir. Chacun raconte sa journée, les moments drôles, ce qui l'a marqué.» Ces moments d'absence font réaliser aux enfants comme aux parents la force de leur attachement. «Maman, je n'aime pas ça quand tu t'en vas», disait Noémie à deux ans, au retour d'un des rares week-ends pris par maman et papa au cours des dernières années.

Tout dans les mains, rien dans les poches

Vincent est affirmatif: «Avec un seul salaire pour une famille de six, tu n'as pas d'argent pour des niaiseries.» Vincent et Geneviève calculent tout mais constatent avec étonnement qu'il leur en reste, au bout du compte, autant qu'à d'autres qui ont double salaire et moitié moins d'enfants! Ils transmettent leurs principes aux enfants par l'exemple, leur disant, lorsque l'occasion s'en présente: «Moi aussi, j'ai le goût des belles choses. Mais il y a moyen de se débrouiller.» Et Vincent de sourire: «Il faut voir la fierté de Geneviève quand elle porte pour la première fois une trouvaille "beau, bon, pas cher". Les enfants en viennent à accepter de bon cœur d'avoir eux aussi une garde-robe plutôt modeste. Ils apprennent ainsi, peu à peu, que le matériel n'est pas tout.»

Ainsi, on parvient à s'offrir l'essentiel mais aussi des petits surperflus: un cours de musique, un beau livre, un opéra, quelques descentes en ski. Les membres de la famille Robert ont tout ce qu'il leur faut.

Et les vacances? Là comme ailleurs, les solutions existent. Les Robert ont choisi le camping pour le contact privilégié qu'il permet avec la nature et pour l'évasion de la routine. Tous attendent ce moment. Les jours précédant le départ, on s'excite, on s'impatiente. C'est le branle-bas de combat. Chacun veut mettre la main à la pâte pour achever les préparatifs. Et l'on part avec les amis pendant deux, trois ou même quatre semaines.

Du temps à revendre?

Beaucoup de gens croient qu'une mère à la maison a tout son temps. Les sollicitations que Geneviève reçoit sont le reflet de cette façon de voir. «J'ai du temps, nous dit-elle, mais surtout pour ma famille. Comme je veux être présente aux enfants, je ne puis être ailleurs en même temps. Chez nous aussi, les journées n'ont que 24 heures!» Et Geneviève explique que chaque jour, elle doit accepter de renoncer à des choses intéressantes. Mais, comme elle le dit, «c'est pour vivre ce que nous trouvons le plus important, le plus approprié à notre famille, pour finalement choisir à nouveau ce que nous voulons privilégier».

Cela dit, n'allez pas croire que les Robert n'ont pas d'engagements à l'extérieur. Vincent participe parfois à des activités complémentaires à son travail de même qu'à certaines rencontres sociales. Il profite de ces occasions, hors des contraintes qu'impose le milieu du travail, pour connaître ses collègues sous un jour différent.

Geneviève, quant à elle, situe ses engagements sociaux dans le prolongement d'une orientation de vie dont le fil conducteur est de plus en plus évident: tout ce qui concerne l'enfant et sa famille. Par exemple, le Projet Famille auquel elle participe. Il s'agit d'un groupe de six mères ayant une formation en psychologie et en éducation, qui ont choisi de rester à la maison et qui observent, réfléchissent et écrivent sur la famille. «C'est encourageant de ne pas être seule à vivre des difficultés et des défis; c'est stimulant d'échanger sur nos démarches et nos succès; c'est une grande joie de voir les autres évoluer, chacune à leur façon, avec leur famille. Nous partageons également nos découvertes avec nos maris, nos enfants et nous leur demandons souvent leur contribution. Le projet enrichit les mères qui en font ensuite bénéficier leur famille.»

Dans ce même esprit, Geneviève s'implique également au comité d'école. «Dans les réalités qu'ils rencontrent à l'école, nos enfants nous amènent à reconnaître des problèmes, à faire la part des choses, à identifier des liens qu'il nous semble pertinent de communiquer aux autres éducateurs. Il nous apparaît tout aussi essentiel de connaître le point de vue de ces derniers. Ces échanges, réalisés dans un esprit de collaboration, facilitent les ajustements utiles à une éducation cohérente.»

Afin de permettre à Geneviève de mener à bien ces engagements, Vincent prend la relève auprès des enfants. «Par ces multiples implications de leurs parents, les enfants apprennent l'importance de "servir", dans la société comme à la maison.»

Le temps de parler

Les Robert trouvent aussi le temps de vivre et de se parler. «Au début, raconte Geneviève, je cherchais à provoquer des moments privilégiés. Je ne réussissais pas toujours. Parfois, nous vivions un grand bonheur, souvent inattendu et, même s'il était bref, nous le dégustions. Ces souvenirs deviennent encore plus précieux dans les moments difficiles. Plus j'avance dans la vie que j'ai choisie, plus les moments heureux deviennent fréquents, parce que je suis plus attentive en tout. Chaque demande des enfants me mobilise. La moindre tâche que j'accomplis pour la famille me satisfait.»

Le quotidien aussi est occasion de fête. Tout est dans l'attitude, dans la façon de voir la vie. Geneviève nous ramène encore à son expérience concrète: «Je le constate quand je fais mon marché, par exemple. Je regarde de jeunes mères, concentrées, pensant au menu de la semaine en se disant: ai-je oublié quelque chose? L'enfant est là, dans le panier, parfois silencieux, observant les alentours, parfois cherchant l'attention de sa mère: "Maman, j'en veux. Achètes-en, s'il te plaît. Je veux conduire le panier, mets-moi par terre." Et la maman répond distraitement, ou pas du tout: son attention est concentrée sur la tâche à terminer au plus tôt, parce que d'autres tâches l'attendent, parce qu'elle sait que dans cinq minutes à peine, l'enfant sera à bout de patience. Je me revois; je faisais de même, à l'épicerie comme à la maison. Aujourd'hui, Noémie et moi faisons le marché ensemble. Je réponds à ses questions, je la laisse participer. Des clients s'arrêtent, amusés: "Elle est mignonne, votre petite fille, madame". Ou encore: "Vous ne manquez pas d'aide, vous!"»

Et leurs besoins à eux? N'y a-t-il de temps que pour les besoins des enfants? La réponse fuse, claire et vive: «Et si, justement, nous répondions à nos besoins en même temps qu'à ceux des enfants? Si cela donnait un sens passionnant à notre vie? Quand nous parlons ainsi aux gens qui nous connaissent peu, nous croisons souvent leur regard sceptique. Il nous est bien arrivé de chercher à convaincre, à essayer de traduire en mots la beauté de notre quotidien; plus maintenant. Nous réalisons que les mots ne peuvent à eux seuls décrire certaines choses. Il y a certainement des moments et des émotions qui ne se vivent que de l'intérieur dans notre quotidien.» C'est dans les occasions cueillies une à une, disent-ils, qu'ils se sont attachés à leurs enfants et ont trouvé leur bonheur à *devenir* parents.

Et l'avenir?

Geneviève et Vincent entrevoient une suite à leur histoire. «Les enfants vont continuer à grandir; ils choisiront leur vie et partiront, chacun à son tour. Nous nous retrouverons tous les deux avec, encore, une nouvelle vie à choisir et à bâtir. Nous avons des projets en tête; nous aurons plus de temps pour lire et voyager...» Puis viendront peut-être les petits-enfants. Il y aura d'autres cœurs à entourer, à chérir. Le temps passe très vite. «Mes parents, dit Geneviève, nous disent que nous ne savons pas à quel point!» Prêts? «On ne l'est jamais assez. On ne peut prévoir ce qui va venir. Nous continuons donc à nous préparer tous les jours.»

Les gens heureux ont une histoire

Vous auriez aimé connaître le point de départ d'un couple, la naissance de leur famille? Écoutez l'histoire de Vincent: «C'était un matin de l'automne 1971, en classe de psychologie. Le monde universitaire s'ouvrait devant nous. Nous y avions accosté, remplis d'ardeur et cachant du mieux possible nos inquiétudes, encore ébahis et honorés d'y avoir été admis. Notre ami commun, Jacques, seul visage connu dans la foule des jeunes étudiants, voulait nous présenter l'un à l'autre. Déjà bien installé au cœur de l'amphithéâtre, mon cahier ouvert et crayon en main, j'attendais le début du cours».

Geneviève connaît la suite de la belle histoire: «Son premier regard m'a intriguée, un regard à la fois sérieux et observateur où je croyais déceler de la générosité, de la franchise et de l'humour. Dès lors, j'ai désiré le connaître. C'est là que tout a commencé et c'est ainsi qu'au fil des regards échangés, des expériences et des projets partagés, nous nous sommes retrouvés au pied de l'autel. Et si c'était à refaire, nous y retournerions ensemble».

Cultiver l'espérance

On dit souvent que les gens heureux n'ont pas d'histoire? L'histoire des gens heureux, c'est mille histoires, mille bonheurs différents. Le bonheur existe. Vous l'avez rencontré dans la grimace du petit voisin taquin, dans le sourire d'un piéton que vous avez croisé, dans le service que vous avez rendu. En se racontant, Geneviève, Vincent et leurs enfants espèrent vous l'avoir fait rencontrer et c'est dans cet esprit qu'ils vous livrent simplement cette dernière réflexion.

«Le bonheur est souvent tout près. Vous pouvez presque le toucher. Enfouis sous chaque bonheur se cachent un effort, des élans qui persistent et beaucoup de travail. Le bonheur ne dure pas? Au contraire! Une fois qu'il vous a rattrapé, il peut s'agripper à vous, somme toute, assez facilement. Longtemps peut-être, vous craindrez qu'il ne parte, comme celui de Félix. L'important c'est de trouver les moyens de le retenir! Lorsqu'il sera installé chez vous, il ne pourra plus se cacher et à chaque détour, il resurgira sans que rien ne puisse le déloger. Des épreuves surviendront sans doute, quand même difficiles à vivre, mais vous ressentirez une certitude intérieure d'arriver un jour à les surmonter.

«C'est difficile à expliquer. Il suffit peut-être de juste «un peu plus d'amour que d'ordinaire»[1], nourri par la foi et l'espérance. C'est ce que beaucoup de gens essaient d'exprimer quand ils affirment que dans la vie, il s'agit de croire à ses rêves pour qu'ils se réalisent. Au fond, y croire n'est pas encore suffisant. Pour faire d'un rêve qui nous est cher une réalité, il faut le vouloir tout entier, avec ses richesses et ses défis. Il faut aussi accepter de retourner en soi, vivre son rêve "de l'intérieur" et l'intégrer délibérément à sa vie quotidienne, de

---

1. Francis Cabrel, *Cabrel et les enfants. Il faudra leur dire*, Disques CBS, 1987.

façon à pouvoir travailler longuement à sa réalisation.

«Ce n'est pas qu'une question de chance. Chacun fait son bonheur et, en tout cas, dans une famille unie, on le fait à plusieurs!»

POSTFACE

La lecture de ces témoignages me rappelle une courte histoire qui débute en septembre 1991. Des parents d'enfants handicapés avaient été invités par des fonctionnaires du gouvernement pour recevoir les plus récentes informations concernant l'intégration sociale de leurs enfants et la poursuite de leurs études académiques. En fait, ces nouvelles étaient plutôt anciennes. Rien de très stimulant pour les parents. D'ailleurs, plusieurs sinon la totalité d'entre eux sont sortis de cette rencontre la rage au cœur. Cependant, comme ces parents ont développé des forces pour faire face à des défis de toutes sortes, la déception a bientôt fait place à une motivation supplémentaire. Cette rencontre devait confirmer les parents dans leur rôle premier. Ils devenaient ce qu'ils avaient toujours été et ce que sont tous les parents: les vrais spécialistes des questions familiales.

Ils se sont donc donné comme mission de prendre parole pour aider leurs semblables dans leurs tâches de parents et de leur permettre à leur tour de prendre la parole. Ils ont alors formé le groupe

«Parole aux parents». Depuis ce temps, ces parents recherchent et présentent des initiatives créatrices qui apportent des réponses neuves à des besoins familiaux particuliers tout en suscitant de nouvelles initiatives.

C'est dire que lorsque des parents se reconnaissent comme ressources et acceptent leurs responsabilités comme citoyens privilégiés, ils font des merveilles. Et les témoignages de ce livre le confirment également. De plus ils nous apportent des pistes essentielles pour édifier solidement la famille, la conserver en vie et la perpétuer. Parmi ces pistes, j'en retiens cinq: l'amour, les fréquentations, le couple, la famille et, ce qui supporte le couple et la famille, les réseaux.

L'amour

La famille recomposée de Carolle Anne Dessureault nous parle d'un amour qui ne triche pas, qui évite la rancune, qui se dégage de la frustration, qui sait passer l'éponge. On y trouve un vécu qui ressemble étrangement à l'expérience de saint Paul: «L'amour prend patience, l'amour rend service, il ne jalouse pas, ne cherche pas son intérêt...» (*Cor* 13,4-8). Pour y arriver, cet amour doit naître du cœur afin de voir «le divin» chez les autres. Y parviennent ceux et celles qui sont capables de voir au-delà des apparences.

Mais l'amour n'est jamais acquis; il doit être sans cesse nourri de tendresse, de partage, de pardon, de communion... Ayant pris conscience de cela, la personne, puis le conjoint et enfin le parent apprendra à devenir amoureux de l'autre et des autres. L'amour conjugal, parental et familial devient alors un engagement, un acte de volonté qui permet, à toute personne, d'aimer ce qu'elle fait sans nécessairement toujours faire ce qu'elle aime.

Les fréquentations

Au fur et à mesure que je lisais ces témoignages, je me rappelais l'histoire de mon mariage en remontant jusqu'aux fréquentations. Quel beau et bon temps pour faire des apprentissages, particulièrement celui de l'absence; une absence cependant bien vivante qui permet de connaître ses sentiments vis-à-vis l'autre; une absence qui devient prise de conscience et force d'attachement.

Dans un monde souvent trop pressé et trop possessif pour s'arrêter et évaluer ses engagements, qu'en est-il des fréquentations? Elles représentent cette étape précieuse, comme nous le rappelle si bien Louise Blain-Lambert, passée «à se découvrir, à faire connaissance, à chercher de quoi l'autre est capable». C'est le temps d'identifier les valeurs sûres qui orienteront la vie du couple et de la famille.

C'est aussi la période des négociations à deux où se précisent des priorités, des aspirations, des projets communs et individuels et le choix de l'enfant. Le futur couple se façonne un idéal de vie qui n'est pas un rêve mais une réalité qu'il espère vivre à tous les instants.

Le couple

À la fin de l'adolescence et au début de la vie adulte, se créent les amitiés vraies. De ces amitiés, va possiblement naître une amitié particulière, l'amour conjugal. Ce lien «amical» deviendra indissoluble et tellement fort que même les orages et les vents dévastateurs, nous dit Louise Barbeau, ne pourront abattre le couple.

Si «l'amour est la vocation fondamentale et innée de tout être humain», selon Jean-Paul II, le couple devient la base de la vie amoureuse et de la famille. C'est pourquoi il est nécessaire d'en prendre soin. Les textes que nous venons de lire le démontrent parfaitement. Françoise et Yvon n'auraient pu se sortir de leur tragique accident et travailler ensemble sans d'abord et avant tout investir dans leur couple. Jacqueline et Jean-Guy n'auraient pu devenir de tels parents adoptifs sans continuellement cultiver leur amour de couple. Et nous pourrions citer ainsi chacun des autres textes.

On voit en même temps que le couple n'est pas une entité indépendante des conjoints. Pour vivre l'amitié, l'amour, la complicité, la coresponsabilité, etc. il serait superflu de dire que le couple doit être formé d'un homme et d'une femme bien vivants, bien autonomes. L'histoire de Manuela et Pierre l'illustre bien. Mais dire cela, c'est en même temps affirmer que l'homme et la femme sont deux êtres différents et, à un certain niveau, inégaux. Cette inégalité se retrouve dans leur façon d'aimer, la femme et l'homme aimant intensément mais de manière différente. La maternité, la paternité, inégalités naturelles, nous révèlent cependant une égalité fondamentale entre l'homme et la femme, une égalité de dignité et de responsabilité. Devant Dieu, tous sont égaux. Et devant la société humaine, chaque personne est unique et mérite le respect.

La famille

Le couple débordant d'amour permet à un autre être d'aimer à son tour. Le couple devient alors parents. Encore une fois, arrêtons-nous aux témoignages de ce livre. Ils nous rappellent que malgré des interrogations à savoir s'ils seront de bons pères et des mères compétentes, les conjoints reçoivent le don d'une nouvelle responsabilité et, par le fait même, d'une capacité inhérente à cette responsabilité.

Mais la fécondité d'un couple ne se limite pas seulement à l'enfant issu naturellement de ce couple. Elle est plus vaste. L'adoption est une fécondité ouverte qui permet de découvrir le visage du Christ dans un enfant à aimer et à servir. La famille est alors «onze enfants, six pays». Elle est un message à celles et ceux qui n'ont pas de famille naturelle afin qu'ils découvrent que personne n'est sans famille en ce monde.

La famille c'est aussi une maison qu'on construit progressivement comme l'écrit Louise Blain-Lambert. Notre chez-soi est ce lieu qu'on embellit continuellement. Il est cet espace où sont constamment apportées des modifications pour un mieux-être. La beauté de la maison se construit d'abord par l'intérieur. De même la famille se construit par le cœur; elle distille un parfum qui a nom l'esprit de famille; elle produit un fruit, le bonheur, qui se cultive «comme un jardin», selon l'expression de Zénon Soucy.

Plusieurs récits évoquent l'esprit de famille, principalement celui d'Estella et de Sergio. Malgré le temps, les distances, les changements corporels, cet esprit demeure présent et c'est grâce à lui s'il est possible de se reconnaître. C'est pour cela que la famille, comme le répètent Carole et Mario, mérite un investissement prioritaire d'amour et de don. Parents, enfants, esprit, amour, don, bonheur... on est tout près d'une source mystérieuse: la Trinité.

Les réseaux

La famille est tissée de liens cimentés par un esprit. Même si les parents sont la base de la famille nouvelle, ils sont eux aussi enfants. Leurs parents, ou les grands-parents, ont un rôle de plus en plus important à jouer dans notre société. Ils sont des références et des appuis. On a pu s'en rendre compte à la lecture de ces textes. Voilà un premier réseau. Et j'ajoute les cousins, les neveux, les oncles, les tantes: la famille élargie. Un autre très beau réseau.

Le réseau s'agrandit quand on s'ouvre aux voisins. Et il y a beaucoup d'autres réseaux dans lesquels peut s'insérer la famille. Par exemple les organismes sociaux et le monde scolaire. Carole et Mario parlent abondamment de l'importance des réseaux. Ils les décrivent comme un phénomène positif où enfants et parents découvrent des personnes qui portent les mêmes valeurs. C'est la «Providence» dira Louise.

Parmi les organismes sociaux et gouvernementaux, l'Église catholique se présente comme le réseau le mieux organisé pour estimer les valeurs et les responsabilités de la famille, pour reconnaître les dangers et les maux qui la menacent et pour les dénoncer, pour redonner à la famille, souvent tentée de se décourager, des raisons de croire en elle-même.

En terminant, je tiens à féliciter les familles qui ont accepté de témoigner. Elles ont annoncé avec conviction de bonnes nouvelles sur la famille. Elles ont repris à leur compte le thème de l'année internationale 1994: «La famille: ses ressources et ses responsabilités dans un monde en mutation». Elles se sont reconnues comme ressources et se sont bien acquittées de leurs responsabilités. Enfin, elles ont tracé une route à toutes les autres familles, celle de valoriser leur situation souvent difficile, mais toujours lieu de croissance. Leurs textes permettront, j'en suis persuadé, de développer chez les lecteurs une conscience plus vive et plus pressante de proclamer l'importance vitale de la famille dans la société et d'en faire la promotion.

Gérard Valade
Office de la famille
Diocèse de Montréal

TABLE DES MATIÈRES

Achevé d'imprimer
en novembre 1993 sur les presses
des Ateliers Graphiques Marc Veilleux Inc.
Cap-Saint-Ignace (Québec).